Wolfgang Duffner

Die Baar

Schriftenreihe der Badischen Heimat
Band 6

Wolfgang Duffner

Die Baar

Begegnungen in einer unentdeckten Landschaft

Herausgegeben vom
Landesverein Badische Heimat e.V.

G. BRAUN

Jede Landschaft hat ihre Seele.

Christian Morgenstern

Inhalt

Vorwort 8

Aus der Geschichte der Baar. Wie alles anfing 9

Von der jungen Donau zum alten Fürstenberg 13

Sigwart. Einer, der seinen Weg geht 17

Heidenhofen. Auf Fels gebaut 22

Steiner. Der verlorene Sohn 27

Die grüne Stadt 33

Der ferne Osten. Vom Himmelberg zum Lupfen 37

Ein Schlosspark im Sommer 42

Oschwald. Wie man wird, was man ist 45

Hausen vor Wald. Albicker 51

Gallinowski. Bewegtes Leben 55

Aus der Geschichte der Baar. Der Bauernkrieg 59

Der englische Besucher 63

Die Quelle und mehr 68

Die Fürstenberger 72

Albicker. Dichter und Bauer 76

Achdorf. Scheffellinde. Scheffel 79

Aus der Geschichte der Baar. Der Hexenwahn 83

Sunthauser See 87

Aus der Geschichte eines Landstädtchens 90

Lucian Reich und die Mühsal des Lebens 93

Ein Spätsommertag auf der Grenzbaar 97

Münzer. Mann der Baar 100

Amazonische Ferne 104

Aus einer Familienchronik 107

Blumberg 111

Amtenhauser Tal 115

Aus der Geschichte der Baar. Die Juden auf der Baar 119

Geisingen 123

Bauernhöfe um Brigachtal 126

Marion. Notizen aus dem ersten Leben 131

Aus der Geschichte der Baar. Die Göschweiler Verschwörung ... 138

Sonnige Allerseelen 142

Müller. Leben in der Kristallwelt 145

Ein Wintermorgen im Unterhölzer Wald 148

Hauser. Tankwart und Dichter 153

Sonntags in Bräunlingen 157

Lauber. Sterngucker 161

Ein Tag in der Westbaar 166

In den Wutachflühen 170

Die Wutach im Frühling.
Von der Schattenmühle zur Wutachmühle 174

Sabine. Reisende zu Pferd 179

Aus der Geschichte der Baar. Atomsprengköpfe im Weißwald ... 182

Schlenker. In der Welt zuhause 185

Was von der Geschichte übrigblieb 189

Maiblumen blühten überall. Stimmen aus dem Gelände 194

Danksagung 203
Literatur 204

Vorwort

Mit dem vorliegenden Band knüpft die Schriftenreihe der Badischen Heimat wieder an eine alte Tradition der noch heute sehr gesuchten Landschaftsbände aus den 20er und 30er Jahren des vergangenen Jahrhunderts an. Ich freue mich daher sehr, dass der Autor Wolfgang Duffner

in ausgezeichneter Zusammenarbeit mit dem G. Braun Buchverlag dieses Buch vorlegen kann. Der allererste dieser Landschaftsbände erschien als Jahresheft 1921 herausgegeben von Max Wingenroth und behandelte die Baar. Und 1938, herausgegeben von Hermann Eris Busse, erschien der umfangreiche Band „Die Baar / Donaueschingen – Villingen". Beide Jahresbände werden noch heute von Sammlern sehr geschätzt.

Nach nunmehr 75 Jahren erscheint das erste Mal wieder eine umfassende Darstellung über die Landschaft, die Städte und die Menschen in der Baar. Wolfgang Duffner, der seit über 37 Jahren in der Baar lebt und arbeitet, setzt allerdings den Schwerpunkt nicht in der Geschichte dieser so reizvollen Landschaft, sondern nähert sich auf literarischem Wege. Er erzählt von seinen Begegnungen mit den Menschen, schildert seine Eindrücke von der Landschaft mit seinen Orten. All dies führt zusammen zu einer großen Liebeserklärung an diese Region, die als Touristenziel eher etwas abseits liegt und in manchen Teilen erst noch zu entdecken ist.

Ich hoffe sehr, dass in der Tradition der Badischen Heimat diesem Landschaftsband in den nächsten Jahren weitere folgen werden. Dem vorliegenden Band wünsche ich eine weite Verbreitung und Ihnen liebe Leserinnen und Leser, die sie das Buch bereits in die Hand genommen haben, viel Freude und Spaß bei der Lektüre.

S. Ungern-Sternberg

Dr. Sven von Ungern-Sternberg

Aus der Geschichte der Baar
—
Wie alles anfing

Die Geschichte der Baar beginnt wie jede andere Geschichte, vielleicht nur etwas stiller, mit Umherziehen, Sammeln, Jagen, und endet mit Sesshaftigkeit, Privatbesitz, Hierarchie und Herrschaft. Die Baar: eine gewellte Landschaft zwischen Schwarzwald, Heuberg, Schwäbischer Alb, Wutach und Randen, deren Name nicht eindeutig geklärt ist. Kein Land, wo Milch und Honig fließen, magere Kalk- und Keuperböden, raues Klima, kalte Nordwinde, doch gibt es Wasser, viel Wasser. Vielleicht ist dies der Grund, warum seit der jüngeren Steinzeit zunehmend gesiedelt wurde, wie Funde aus Torfmooren und Riedrändern bei Schwenningen, Bad Dürrheim und Pfohren bezeugen. Keramik, geschliffene Steinbeile, Mahlsteine für das Getreide und vor allem der Hausbau zeugen vom kulturellen Fortschritt. Mehr Funde gibt es aus der Bronzezeit, Geräte, Kessel, Gewandnadeln, Rasiermesser, Lanzenspitzen, Dolche, Äxte, aus Bronze hergestellt, dem ersten Metall in der Kulturgeschichte.

Noch wichtiger als Bronze aber wird für die Menschen das härtere Eisen, nach dem die der Bronzezeit folgende Periode benannt ist und die der große Baar-Archäologe Paul Revellio als „Morgenrot über der Geschichte der Baar" ansieht. An der Grenze von Baar und östlichem Schwarzwaldrand rund um Eisenbach und Hammereisenbach rauchen die Schmelzöfen. Eisen wird zum unentbehrlichen Material für alle möglichen Gebrauchsgegenstände, für Werkzeuge und Geräte, für Pflugscharen und Waffen. Ernteerträge werden verbessert durch Pflugscharen, ein gesteigerter Warenaustausch findet statt, der Handel blüht. So ist es kein Wunder, dass es zu einer verstärkten Besiedlung der Baar kommt.

Die Zeit des Eisens ist auch die Zeit der Kelten, eines uns immer noch rätselhaften Volkes. Geheimnisvolle Mythen ranken sich um sie, und bis heute gibt es nur wenige gesicherte Erkenntnisse. Bis ins letzte Jahrhundert vor unserer Zeitrechnung beherrschen sie die Region dank ihrer überlegenen Kultur. Ihr hochentwickelter Ackerbau, ihr technisches Wissen, etwa in der Metallverarbeitung, und ihr teilweise mechanisiertes Handwerk mit Töpferscheibe und Drehbank tragen zu einem allgemeinen Fortschritt in der Region bei.

Fluss-, Berg- und Ortsnamen erinnern an sie wie die Grabhügel, die sie uns hinterlassen haben, von denen der größte der Magdalenenberg bei Villingen ist. Was die Grabräuber dort zurückließen, ist im Franziskanermuseum in Villingen zu bestaunen, eine rekonstruierte Grabkammer, Schmuck, Waffen, Alltagsgegenstände wie Messer und Nagelschneider und anderes mehr, selbst die Spaten der Grabräuber gibt es zu sehen. Ins Gespräch kam der Magdalenenberg im Juni 2011, als ein Mitarbeiter des Römisch-Germanischen Zentralmuseums in Mainz mit Hilfe von Nasa-Software herausfand, dass die Anordnung der Gräber um das zentrale Fürstengrab angeblich nach den Sternbildern des nördlichen Himmels und Mondzyklen ausgerichtet ist, die Anlage, wer weiß, eine Art keltischer Mondkalender.

Irgendwann tauchen dann wie überall die Römer auch auf der Baar auf, errichten den Donau-Limes, sichern das besetzte Land. Dabei bringen sie auch ihre zivilisatorischen Errungenschaften mit, Wasserleitungen aus Holz, Gullydeckel, Riegelschlosssysteme, bis dahin unbekannte Werkzeuge wie Sichel und Zange, sanitäre Einrichtungen mit Waschbecken und Kloschüssel sowie den Straßenbau und die Badekultur. Ein Zeugnis der römischen Badekultur ist uns erhalten in der Badruine bei Hüfingen, einem der ältesten Kastellbäder nördlich der Alpen und zu Beginn des 19. Jahrhunderts ausgegraben: ein Badehaus für die Soldaten mit Lau-, Warm-, Kalt- und Schwitzbädern. Eine ausgeklügelte Warmluftheizung sorgte für heißes Wasser und temperierte Böden und Wände. Gut erhalten ist die Heizzentrale, das technische Herzstück der Anlage, von wo aus die heiße Luft in die Baderäume geleitet wurde.

Zwei Jahrhunderte ist die Baar in römischer Hand, bis die Alamannen, die nicht so viel von römischer Kultur hielten, den Limes überrennen, die römischen Gutshöfe zerstören und sich auf der Baar festsetzen. Wenig wissen wir über sie. Von ihrer Kultur berichten zeitgenössische Geschichtsschreiber nur am Rande. Unser Wissen – alte Archäologenweisheit: „Wo immer du gehst, die Vergangenheit liegt unter deinen Füßen" – beziehen wir zum Großteil aus den Gräbern und den Funden wie Tongefäße, Waffen, Wehrgehänge, Ohrringe, Halsketten, Broschen, Gürtelschnallen oder Zierscheiben, ausgegraben im berühmten Gräberfeld bei Oberflacht oder in Reihengräbern bei Donaueschingen und Löffingen, nachgewiesen bis in die Zeit um 600 n. Chr. Diese Grabbeilagen haben einen hohen Informationswert, sagen viel über Kultur, Kunst und Kunsthandwerk ihrer Zeit aus.

Gerade für das Kunsthandwerk und die Schmuckherstellung im Bereich der Baar bietet die prächtige Schatzkammer im Colombischlösschen in Freiburg, dem Museum für alamannische Ur- und Frühgeschichte, ein beeindruckendes Beispiel mit dem Grab der reichen Frau aus Hüfingen aus der Zeit um 600 n. Chr. Doch nimmt diese Grabkultur ein schnelles Ende mit der christlichen Missionierung und der Beisetzung der Toten nahe der Kirche, ohne Grabbeigaben.

Um diese Zeit geraten die Alamannen mehr und mehr unter die Herrschaft der Franken, und die Baar wird schließlich zur fränkischen bzw. karolingischen Grafschaft. Hauptort und Mittelpunkt der karolingischen Baar wird Neudingen, wo gegen Ende des Jahrtausends ein Graf von Zähringen seinen Sitz als Gerichtsherr und Verwalter hat. Die Geschichte berichtet, wie einer dieser Zähringer Grafen die Burg auf dem Fürstenberg (fürderster Berg) oberhalb von Neudingen erobert und sie zu einem eigenen machtpolitischen Zentrum ausbaut. Schon lange hatten die Zähringer ihr Herrschaftsgebiet vom Breisgau aus nach Norden und Osten ausgedehnt, wie sie auch die einst karolingische Baargrafschaft zum festen Bestandteil ihres Herrschaftsbereichs machten. Auch hatten sie mit der Erschließung des Schwarzwalds begonnen und wichtige Übergänge über den Schwarzwald gesichert, hatten Villingen und Rottweil zu Städten erhoben. Doch als der Zähringer Berthold V in Freiburg 1218 kinderlos stirbt, zerfällt das Zähringische Staatsgebilde, und es kommt zu Teilungen, wobei der Großteil der Baar an den gräflichen Erben einer Zähringer Nebenlinie fällt, die sich nach dem Wohnsitz auf dem Fürstenberg Grafen von Fürstenberg nennt.

Und also gelangt die Baar am Ende an ein Geschlecht, das die Geschicke der Landschaft bis in die napoleonische Zeit bestimmt: die Fürstenberger. Diese erweitern in der Folgezeit ihren Herrschaftsbereich durch Kauf, Heirat oder Fehde, runden ihn ab, kolonisieren, machen Waldrandorte zu Städten und lassen sich 1283 vom Habsburger König Rudolf die Baargrafschaft bestätigen. Damit ist die Baar zu einem eigenen souveränen politischen Herrschaftsbereich geworden, nur Villingen und Bräunlingen gehen an die Habsburger verloren. Von diesen Einsprengseln abgesehen, deckt sich der geographische Raum der Baar weitgehend mit der fürstenbergischen Landeshoheit. Die Baar ist fürstenbergisch.

Diese Fürstenbergische Herrschaft scheint auf lange Zeit gefestigt, bis es auf einmal im Innern zu rumoren beginnt: Der große Bauernkrieg kündigt sich an, in dem eine erregte Bauernschaft zum Erstaunen der Herrschenden Rechte einfordert.

Von der jungen Donau zum alten Fürstenberg

Aufbruch am frühen Morgen. Prinz-Fritzi-Allee, Vereinigung von Brigach und Breg, Riedgraben und Ried, die Donaubrücke.

Pfohren.

Das Wahrzeichen des Dorfs ist vielleicht die Entenburg aus dem 15. Jahrhundert, die gar keine Burg ist. Von hier aus zogen die Fürstenberger zur Jagd mit anderen hohen Herren, darunter dem Kaiser Maximilian. Ein anderer historischer Bau ist das „Gasthaus zum Ochsen", einstmals Umspannstation der Vorderösterreichischen Post, jetzt eine Pizzeria. Hier wurde – eine Gedenktafel über dem Eingang erinnert daran – der 48er Revolutionär und Mitglied des Landesausschusses der Radikalen in Offenburg Andreas Willmann geboren, der nach der Niederschlagung der Revolution in die Vereinigten Staaten floh. Ihm zu Ehren wurde 2012 ein Platz in Donaueschingen benannt und eine Büste enthüllt, was wiederum die Stadt ehrt. Der Pfohrener Ernst Zimmermann hat sich in der Ortschronik von Pfohren eingehend mit seinem Leben befasst.

Auf dem Hauptplatz gegenüber teilt uns eine Info-Tafel zur Geschichte des Orts mit, dass steinzeitliche Werkzeuge und Waffen in den Torfstichen gefunden wurden und dass Kaiser Maximilian zweimal hier war und dass sich der Ortsname vom römischen Wort forum (Gerichtsstätte) herleitet, was man aber nicht glauben muss, vielleicht leitet er sich vom Namen der Föhre her. Nichts auf der Info-Tafel über den Maler Karl Merz, dem Impressionisten der Baar, der sich so gern landschaftlichen Stimmungen hingab und der in Pfohren einen Großteil seines Lebens zubrachte; nichts über die Bomben, die an einem Vorfrühlingstag '45 auf Bauernhäuser fielen und auf Wilhelm Ohnmacht, der eine halbe Stunde zu früh vom Feld nach Hause kam.

Auf dem Weg nach Neudingen glaubt man, die Hügel, die sich vor einem erheben, noch nie gesehen zu haben, es muss am Dunst liegen, der über der Landschaft liegt, die Donau, die plötzlich wieder auftaucht, nachdem sie zuvor die Richtung geändert hatte, aufgeschreckte Enten, die aus dem Schilf hüpfen und sich in den Fluss stürzen, ein Mann, der angestrengt den Himmel nach Zeichen absucht, aber da sind nur Kondensstreifen.

Neudingen.

Der alte Bahnhof, verlassen, verwahrlost, Werbeplakate für irgendwelche Popkonzerte, eine uralte, zerfledderte Anzeige für einen Film über den Indianermörder Custer. Der Gasthof zum Bahnhof, der nur an bestimmten Tagen geöffnet hat, das Gasthaus zur Linde, das jetzt nur noch Pension Garni ist, das Gasthaus zur Sonne, das schon lange geschlossen hat (immer noch beeindruckend der alte, mächtige Bau), nur das Gasthaus zum Storchen ist geöffnet, heute aber hat es zu. Die junge Frau, die ihr Auto aus- oder einlädt und erzählt, dass es nur noch eine Bäckerei gebe, aber keinen Lebensmittelladen, keine Post, keine Bank, keine Schule. Ein scheinbar toter Ort. Aber dann gibt es diesen anmutigen Kirchhügel mit blühenden Kastanien und in der Kirche auf der Kanzel ein hochgemuter Posaunenengel, der Heil und Erlösung in die Welt posaunt.

Neudingen hat in der Geschichte der Landschaft einmal eine wichtige Rolle gespielt, denn es gab hier, so berichten uns die Geschichtsschreiber, eine königliche Pfalz wie auch den kaiserlichen Ruhesitz Karls des

Dicken, der nach der Volksüberlieferung bei der Entenjagd ertrank oder, nach einer anderen Version, von seinem Diener erdrosselt wurde, vielleicht starb er auch nur an Fettsucht. Aus der Pfalz wurde später ein Frauenkloster („Maria Hof") und noch später der Ort für die fürstlich-fürstenbergische Grablege.

Immer, wenn ich in der Gegend bin, lasse ich es mir nicht nehmen, durch das „Maria Hof" Gelände zu gehen, eine grüne Insel mit ein paar Gräbern, einer Gruftkirche und einem Ordnungsschild am Eingang: „Betreten auf eigene Gefahr!" Unter den wenigen Gräbern im Parkgelände das Grab des vor wenigen Jahren verstorbenen ehemaligen Hausherrn des Fürstenhauses Fürst Joachim von Fürstenberg, der den ewigen Schlaf im Freien vorzog, weil er glaubte, die schlechte Luft in der Gruftkirche nicht ertragen zu können. Japanische Zieräpfelsträucher, Brennesseln und Vergissmeinnicht, alte Grabsteine und Grabplatten, „In memory of Anne Charlton", ein FF. Hofmeister und Bibliothekar, eine Trauernde mit Amphore und Schleier, anrührend. Was mich anzieht, sind weniger die Gräber als das Leben, stolze, langlebige Bäume, rauschendes Buschwerk, fiepende Meisenkinder, und ich freue mich, dass ich noch unter den Lebenden weile.

Vor der „Sonne" treffe ich Gerhard, der Rilke liebt und nachts, wenn andere Leute schlafen, im Internet surft und der mit zum Fürstenberg hinaufsteigt, weil er schon lange nicht mehr oben war. Rapsfelder mit öligen Duftschwaden, Feldkreuze, die Gott um den Schutz der Felder bitten (Naturschützer Günther Reichelt: „Ja, warum sollte er denn, wenn *wir* es nicht tun?"), Gerhard, der eine Schnecke von der Straße aufliest, um sie auf dem Wiesenrand wieder abzulegen.

Der Schächer.

Auf dem Sattel zwischen dem Fürstenberg und der Länge die Schächer Kapelle, 1585 erstmals erwähnt, Jesus und die beiden Schächer am Kreuz. Daneben die Gedenktafel für Wallburga, die hier oben sechzehnjährig am 7. Mai 1948 vom Blitz erschlagen wurde. Das Landgericht, das einst hier oben richtete und die zur Hinrichtung Verurteilten noch einen letzten, verzweifelten Blick auf das unter ihnen liegende Land werfen ließ, wo das Leben war.

Der Fürstenberg.

Da das „Gasthaus zum Bären" geschlossen hat, ziehen wir weiter, immer um den Fürstenberg herum, unter uns Neudingen (herausragend die Kuppel der Gruftkirche), Sumpfohren (wo es noch Misthaufen zu sehen gibt und alte Bauerngärten mit Pfingstrosen), die Riedseen und fern im Westen der Feldberg. Lehrtafeln am Wegrand, Gerhard, der die Tafeln fotografiert, damit er die Texte noch einmal in Ruhe zu Hause lesen kann. Einmal sehen wir auch das neue Städtchen Fürstenberg unter uns, wir aber steigen zur Bergkuppe des Fürstenberg hoch, auf der sich einst eine keltische Fliehburg befand, danach eine römische Wehranlage, später, im hohen Mittelalter, die Burg Fürstenberg, nach der sich die Herren der Baar nannten, die Fürstenberger, und schließlich das alte Städtchen Fürstenberg, das Mitte des 19. Jahrhunderts in Flammen aufging.

Verflogen der Dunst, klarer Blick, blauer Himmel. Es gibt eine Art von Wohlgefühl, das allein von einem blauen Himmel herrührt. Ich lege mich zwischen die Fliedersträucher, während Gerhard mit der Digitalkamera nach Resten der verbrannten Stadt sucht. Wenn ich eine Kamera hätte, würde ich mich für die Fliedersträucher entscheiden. Die kleine Freiluftkanzel der Kardinal-Bea-Kapelle. Gerhard zuliebe stelle ich mich auf die Freiluftkanzel und spiele ein bisschen den Prediger, während er filmt. Beim Picknick erzählt mir Gerhard, was er im Internet so alles heruntergeladen hat und wie es Schmetterlinge schaffen, mühelos die Alpen zu überqueren, und wie es dazu kam, dass die Ökonomie zur neuen Weltreligion wurde.

Mittagsstille.

Ein paar Wattebäusche am Himmel.

Wenn man will, kann man bis nach Riedböhringen sehen, wo der Kardinal Bea geboren wurde.

Sigwart
—
Einer, der seinen Weg geht

Farbtöpfe, Pinsel und Skalpelle, Vergolderkissen und Poliment für die Vergoldung, Knochenleim für das Abbinden des Kreidegrundes, Dammar, ein Naturharz, für das Firnissen der Gemälde, auf dem Werkstisch ein Jesus aus Gips mit abgeblätterten Farbstellen, der ausgespachtelt, grundiert und mit Farbe ausgebessert werden muss.

Die Werkstatt des Hüfinger Restaurators Klaus Sigwart in der Pfarrhausstraße 6 (früher 's Franz-Seppe Huus, wo Malerei und Fasnet-Goascht immer schon zuhause waren), wo beschädigte Gemälde, Heilige, Votivtafeln, Wappenschilder restauriert werden, wo Sigwart, als er noch keine fünfundsiebzig war, die Altäre und Heiligen der Baarkirchen sanierte und dafür sorgte, dass auf den Kirchtürmen Kreuz und Kugel immer golden glänzten.

Die künstlerische Ader hat Klaus Sigwart von seiner Mutter, gezeichnet hat er, solange er sich erinnern kann. Er erlernte das Malerhandwerk, bekam ein Stipendium für die Malerfachschule in Lahr, erlernte in den Überlinger Kunstwerkstätten Mezger das Restaurieren von Gemälden und kunsthandwerkliche Techniken wie Vergolden, Marmorieren, Figurenfassen. Und mit fünfundzwanzig machte er sich selbstständig. Zunächst arbeitete er an der Neugestaltung großflächiger Wandbilder in Kindergärten und Schulen, wandte sich dann dem sakralen Bereich zu und restaurierte unter anderem die Seitenaltäre der Hüfinger Stadtkirche, die Altäre in Hausen vor Wald, die Klosterkirche in Wittichen, die Kirchen in Behla und Riedböhringen, die Hüfinger Kapellen, die Wallfahrtskapelle Schenkenberg, die Bärenhofkapelle in Schollach, vergoldete auf fünfundzwanzig Kirchtürmen und Dachreitern Kugel und Turmkreuz. Der Restaurator als Chirurg, der Faules, Brüchiges und Schadhaftes entfernt und der saniert, indem er neues Material, neue Farbe, neues Gold ein- und auflegt. Alles soll so schadlos, so farbig, so leuchtend wiederkehren, wie es vielleicht einmal war. Das ist nicht immer möglich. Der natürliche Verfall hat etwas dagegen. Und manchmal auch die staatliche Denkmalpflege.

„Das Restaurieren", so Klaus Sigwart, „ist nicht eindeutig festgelegt. Beim Restaurieren in Kirchen verständigt jeweils der Pfarrer das Erzbischöfliche Ordinariat bzw. Bauamt in Freiburg. Nach dem Krieg war als oberste Instanz der Konservator Monsignore Hermann Ginter zuständig, der nach einer heftigen Auseinandersetzung mit der Staatlichen Denkmalpflege 1966 verstarb."

Danach wurden die Restaurierungen weiterhin vom Erzbischöflichen Bauamt geleitet, mit dem ihn eine gute Zusammenarbeit verband, doch nahm die Staatliche Denkmalpflege immer mehr Einfluss.

„Alles musste gemeldet werden, durfte nicht ohne Genehmigung begonnen werden. Der Pfarrer August Vogelbacher hat die Lorettokapelle ohne Genehmigung der Denkmalpflege restaurieren lassen und hatte Glück, dass er nicht im Gefängnis landete."

Die Denkmalpflege, die den Grundsatz vertritt: „Nichts verändern". Nur Reinigung, Holzwurmbekämpfung, dezente Retusche, mattes Firnissen der Oberfläche. Die Restaurierung der Peter-Thumb-Kirche in Mundelfingen durch den Freiburger Restaurator und Kunstmaler Manfred Schmid 1964 war für die Denkmalpflege „zu gut", und Schmid gab auf.

Warum die Denkmalpflege ihre einstige Auffassung geändert hat und heute den vorgefundenen Zustand weitgehend belässt, konnte Sigwart nie nachvollziehen. Er glaubt an die Kraft und Ausstrahlung der leuchtenden Farbe, glaubt, dass eine reiche künstlerische Ausstattung gezeigt werden darf. Daher hat er im Widerspruch zur Denkmalpflege ein Leben lang versucht, die Altäre, Bilder, Ornamente und Figuren dem ursprünglichen Zustand anzunähern. Sein Leitsatz: die Originalfassung anstreben, dem Original entsprechend restaurieren. Restaurieren muss sein. Die Kirche ist kein Museum, sondern ein sakraler Raum, der Auge *und* Seele beleben soll.

Bei der Restaurierung der Barockaltäre in Hausen vor Wald, an der Sigwart arbeitete, hatte die Denkmalpflege angeordnet, dass die Polimentvergoldung nicht freigelegt und die Mattvergoldung nicht erneuert werden dürfe. Klaus Sigwart, Liebhaber von Farben und barockem Glanz, war anderer Ansicht.

Sigwart und die Staatliche Denkmalpflege.

Man hatte ihm einst nahegelegt, den Betrieb zu schließen, Lehrlinge und Malergesellen zu entlassen und auf die Kunstakademie zu gehen, weil der Beruf des Restaurators ein akademischer Beruf sei. Er aber baute auf seine handwerklichen Fähigkeiten und seine kunsthistorischen Kenntnisse und entschied sich für seine Werkstatt, seine Mitarbeiter, seine Ideen und seine Unabhängigkeit. Er ist kein Akademiker, aber er hat das Diplom der Malerfachschule, die Zertifikate der Kunstwerkstätten, die er besuchte. Und er hat einen eigenen Willen.

Und so landet er auf der schwarzen Liste der Denkmalpflege.

„Ich habe einen ganzen Ordner voll mit Bewerbungen von Abiturienten, Abiturientinnen, die bei mir ein Praktikum machen wollten, die ich jedoch alle nicht annehmen konnte."

Die Denkmalpflege, die ihn ein Leben lang zu ignorieren suchte.

Der Meister aber ging seinen Weg, mit Rücken- und Gegenwind. Legte Altäre frei und marmorierte, bemalte Deckenflächen und Wände, reinigte und restaurierte Bilder, flickte und erneuerte Madonnen, Apostel und Heilige, putzte Risse zu, die von Schwankungen der Luftfeuchtigkeit herrührten, legte Übermaltes frei, ergänzte Fehlstellen, vergoldete

Turmuhren nach. Sigwart, der sich in der Kirche während der Arbeit so heimisch fühlte, als wäre er in seinem Wohnzimmer. Dreizehn Stunden täglich. Und dazu die alltäglichen Fragen: Muss das Gerüst höher gestellt werden? Wie lege ich am besten die alte Fassung frei? Brauche ich mehr Gold? Und die wichtigste: Wie kann ich den alten strahlenden Zustand des Gegenstands erreichen?

Feingefühl über alles.

Arbeiten, die für ihn eine besondere Qualität hatten, waren das Ansetzen von neuer Leinwand am abgeschnittenen Originalgemälde und die Ergänzung der Malerei an einem Altarbild der Hüfinger Stadtkirche, beim Altarbild der uralten Markuskirche in Mistelbrunn oder die Suche nach einer neuen Heimstatt für Altäre, die ausgelagert worden waren wie etwa die Altäre der Kirche in Pfohren, die in der Wallfahrtskirche von Lindenberg bei St. Peter ihren endgültigen Platz fanden.

Nebenbei ist Sigwart Bühnenbild- und Hanselhäsmaler, Entdecker der romanischen Apsis unter der Hüfinger Stadtkirche, Gründungsmitglied des Verbandes der Restauratoren.

„Uf oemol sin fufzg Johr umme gsi, un jetzt frog ech mech, wa gloffe isch."

Das Leben geht weiter, das Denken und auch Fragen wie diese: Was veranlasste den großen Peter Thumb oder einen seiner Schüler dazu, in eine solch abgelegene Gegend wie die Baar zu kommen, um in dem Bauerndorf Mundelfingen eine Kirche zu bauen? Wer gab das Geld dafür? Wer konnte Interesse an einer so teuren Kirche in Hausen vor Wald haben, nachdem die Freifrau von Schellenberg ihr Lehen an das Haus Fürstenberg hatte zurückgeben müssen und angeblich kein Geld mehr hatte? Und wie konnte man die Bauern dazu bringen, Frondienste für einen Kirchenbau zu leisten, wo sie ihre Gleichgültigkeit bis Ablehnung offen zeigten?

Und dann die ganz private Frage: Wie es einmal mit dem Betrieb weitergehen soll, wer die Werkstatt weiterführt, wem er sein Wissen weitergeben kann. Von seinen vier Söhnen wird es keiner sein, sie haben sich für andere Berufe entschieden.

Die Kirchen der Baar, die Baar.

Für Klaus Sigwart ist die große Baar, die Bertoldsbaar, zu groß. Er hat es gern ein bisschen kleiner: die drei Städtchen um den Schellenberg, eine davon seine Heimatstadt Hüfingen, dazu Blumberg im Süden und Geisingen im Osten, das ist seine Baar, und die junge Donau ihr Herzstück. Karl Merz, der Maler der Baar, der nicht müde wurde, die geliebte Landschaft in unzähligen Bildern zu zeigen, meist mit der jungen Donau, in der sich die Bäume spiegeln. Manchmal fühlt er Stolz, wenn er durch die Dörfer kommt und ihm Kreuz und Kugel auf den Kirchtürmen zuwinken, die er einst vergoldet hat. Wenn er auf dem schmalen Sträßchen ins benachbarte Sumpfohren fährt, um Milch zu holen, kommt ihm das Dichterwort in den Sinn „Noch eine Morgenglocke nur, und Stille nah und fern." Vielleicht ist es die Stille, die Stille der Landschaft, der Kirchen, der Werkstatt, die einer wie er brauchte, um der Restaurator der Kirchen auf der Baar zu werden.

Heidenhofen
—
Auf Fels gebaut

Frühsommermorgen. Ein Strauß von Wolken. Das Bettelhansenkreuz. Ein schwedischer Reiter, der den Gekreuzigten als Bettelhans verhöhnt und, wie nicht anders zu erwarten, dann auch gleich vom Pferd stürzt. Die Kreuzstraße, die ins Oberdorf führt. Bauerngärten mit Goldlack und leuchtendem Mohn. Eine hochgewachsene Clivia mit großer, orange-rotfarbener Blütendolde. „Die höchstgewachsene Clivia auf der ganzen Baar", erklärt der Gartenbesitzer jedem, der es hören will, „ich habe es amtlich." Dabei ist sie so bescheiden, nur zu viel Sonne verträgt sie nicht. Er betrachtet sie mit Befriedigung und Stolz. „Die Pflege ist alles", sagt er, „du kümmerst dich um sie, und sie dankt es dir, indem sie wächst und gedeiht." Ein Nachbar ist hinzugetreten. Zu dritt starren wir auf die höchstgewachsene Clivia auf der Baar, die so bescheiden ist und nicht zu viel Sonne verträgt. Nein, zu viel Sonne ist nicht an diesem Morgen. Auch um Schnittmaßnahmen geht es an diesem Morgen, um Pilzkrankheiten wie Monilia, Spitzendürre und Mehltau, den man an den weißlichen

Triebenden erkennt, aber dann richtet sich der Blick doch immer wieder auf die hochgewachsene Clivia.

Ich schaue ins Dorf hinab. Diese Stille. Ob es immer so still ist? Der Nachbar, mit dem ich ein paar Schritte gehe, seufzt. Mitte der siebziger Jahre, erinnert er sich, wurde die Farrenhaltung eingestellt, bis in die achtziger Jahre gab es noch einunddreißig Milchlieferer und eine Rahmstation, und damit fing alles an. Womit? Mit der Stille? Und jetzt sind es Pferde, aber Pferde gab es immer auf der Baar, vielleicht nicht so viele wie heute. Nein, von Landwirtschaft und Handwerk ist nicht viel geblieben, und arbeiten gehen die Jungen sowieso auswärts, und vielleicht. kommt von daher die Stille.

Das alte Bauerndorf Heidenhofen ist eines der kleinsten Dörfer der Baar, doch wurde hier die größte Kartoffel der Baar angebaut. Heidenhofen, ein Dorf auf Fels gebaut, auf dem zum Schwarzen Jura zählenden Arietenkalk, wie auf einer Informationstafel zu lesen ist. Gerade feierte man die eintausendzweihundertundfünfzigste Wiederkehr der ersten urkundlichen Erwähnung des Dorfs. Grund genug zu feiern, und alles danach hat man überlebt: die Invasion der Römer im ersten nachchristlichen Jahrhundert, die Landesherrschaften, die Leibeigenschaft, die Niederschlagung der großen Bauernerhebung von 1524/25, den dreißigjährigen Krieg, die Pest, den Hexenwahn, die Türkenschatzung, die Missernten, die Kartoffelfäule, das Hagelwetter, die französischen Einfälle, die Weltkriege, die Diktatur und alles, was die Welt verdunkelt.

Die Ortsmitte mit dem mächtigen, zerfurchten Stamm einer Winterlinde, weitausladende Krone, üppiges Blattwerk. Angeblich ist sie als Friedenslinde nach dem dreißigjährigen Krieg gepflanzt worden und wurde deshalb zum Naturdenkmal erklärt. Die Kirche mit dem massiven Westturm, reich geschmückt das Kircheninnere, barockisiertes Gewölbe, vierzehn Stationen, zwei Epitaphien im Chor, eine kleine, verzierte Orgel, die älteste der Baar.

Hinter der Kirche der ummauerte Friedhof. Eine kräftige Frau in mittlerem Alter mit Gießkanne gießt die Begonien auf einem Grab. Sie nimmt mich nicht wahr, sie nimmt gar nichts wahr, nur die Gießkanne, die Begonien, das Grab. Wer liegt da begraben? Schaute man genauer hin, könnte man es vielleicht an der Art, wie sie gießt, erfahren. Als die Frau mit der Gießkanne zum Brunnen geht, frage ich sie nach einem Gasthaus. Sie zeigt mit dem Arm zur Straße hinunter. Aber es hat geschlossen, sagt sie mit etwas abwesender Stimme und diesem fremden Akzent. Ich suche mit den Augen nach dem Gasthaus, das geschlossen hat, während die Frau mit der Gießkanne und dem Akzent in der Stimme kurz über das Grab hinwegschaut. Vielleicht ist sie Russin, so, wie sie dasteht, und mit diesem Akzent. Da stehen wir eine Weile auf diesem kleinen, stillen Friedhof und schauen, jeder in eine andere Richtung, und sind uns doch ein kleines bisschen nahe: die einzigen Lebenden unter all den Toten.

Ein Vierteljahrhundert nach der ersten urkundlichen Erwähnung im Jahr 759 („Villa Heidinghoven"), weiß die Ortschronik zu berichten, kam das Dorf an die Grafschaft Aseheim (Aasen) und unterstand damit der Botmäßigkeit der Grafen von Sulz, etwa drei Jahrhunderte später ging es an die Herren von Wartenberg über, dann an die Herren von Sunthausen und schließlich durch Verkauf an die Grafen von Fürstenberg, wo es bis 1806 verblieb, bis es großherzoglich badisch wurde und die Aufhebung der Leibeigenschaft, die Abschaffung des Zehnten und die Einführung der Gewerbefreiheit erleben durfte und gut vierzig Jahre danach die Tage der Revolution, in der der Seelsorger Oberle von der Nachbargemeinde mit schwingendem Säbel durchs Dorf ritt und wüste, aufrührerische Reden hielt.

Am Ende des Dorfes, wo es nach Biesingen geht, schaue ich einer zerbrechlichen, alten Frau zu, wie sie ihre Blumen neben dem Haus begutachtet. Sie ist 84, sagt sie, und kann nicht mehr arbeiten. Aber nach den Blumen schauen, das kann sie noch. Sie komme nicht mehr groß aus dem Haus, höchstens mal mit der Freundin zum Cafe bei den Immenhöfen. „Wenn i z'lang weg bin, wird mr's trimmelig, do blieb i lieber z'huus." Das Haus, vor dem wir stehen, war einmal ein Hof, den ihr Großvater, ihr Vater und später ihr Mann bewirtschafteten; heute ist es ein neues, großes, blumengeschmücktes Wohnhaus, in dem die Jungen wohnen, sie in einer Art Seitenflügel. Jetzt ist niemand da, alle sind sie arbeiten, auswärts. Woher ich komme, und nein, in Brigachtal war sie noch nie, aber die Brigach in Donaueschingen kennt sie, und die Breg und die junge Donau bis Geisingen, wo einmal ihr Bruder wohnte. Einmal stockt die Stimme, als sie von ihrem Mann erzählt, der an der Embolie starb, und der Hof danach abgerissen wurde.

Sie schweigt, schaut auf die Blumen neben dem Haus. Die Blumen, die Blumen, was wäre die Welt ohne Blumen! Duftendes Alyssum, blauviolettes Hasenglöckchen, Goldlack.

Sie erzählt von einer Fahrt, die sie mit den Landfrauen vor vielen Jahren an den Lago Maggiore gemacht hat und wie sie im italienischen Teil des Tessin diesen berühmten botanischen Garten besichtigt hatten, den Italienischen Garten, den Seerosenteich, den Lotusblumenteich, den Sumpfgarten und die Terrassengärten. Am meisten habe es ihr das Rhododendrenwäldchen angetan, und sie habe noch einmal zurückmüssen, während die anderen zu Mittag aßen, so sehr hatten es ihr die Rhododendren angetan.

Sie schweigt, schaut irgendwohin, wo vielleicht der berühmte botanische Garten steht, der Rhododendrenwald.

„Als Kind", erzählt sie, „schickten sie mich auf die Landwirtschaftsschule, dabei habe ich mir nicht viel aus der Landwirtschaft gemacht, wo ich doch Blumenbinderin oder Köchin werden wollte. Aber dann brauchten sie mich in der Landwirtschaft, vor allem im Krieg, als die Männer weg waren, und danach, bis mein Mann starb und der Hof abgerissen wurde", erzählt von der Schule, vom Lehrer, der sonntags an der Orgel saß und, wenn die Messe rum war, so Sachen spielte wie „Mein Herz, das ist ein Bienenhaus", was dem Herrn Pfarrer gar nicht gefiel, „und dann das Kriegsende, die deutschen Truppen oder der Rest davon, immerzu auf der Flucht nach Süden, zum Bodensee, zur Schweizer Grenze, weiß Gott wohin."

„An einem der letzten Apriltage", erinnert sie sich, „kamen sie vom Friedhof in Aasen herauf, wollten sich über den Stich den Weg nach Heidenhofen freikämpfen, aber da waren schon die Franzosen, und wer nicht fiel, kam in Gefangenschaft oder versuchte, sich in die Wälder durchzuschlagen, und einen von ihnen, der sich im Schulkeller versteckt hielt, komplimentierten die Frauen aus dem Keller, weil sie Angst vor der

Entdeckung und den Franzosen hatten, und der Mann ging hinaus und kam bei einer Schießerei ums Leben."

Wieder schaut sie nach den Blumen. Oder nach dem Rhododendron. Oder auch nur nach dem Einfahrweg.

„Als dann die Marokkaner kamen, hat man die jungen Frauen in Fruchtkästen verstecken müssen, und als einer von ihnen die Nachbarin vergewaltigte, ließ der Kommandant in Aasen die Kompanie antreten, und sie hat ihn sofort an seinem pockennarbigen Gesicht erkannt, und der Kommandant, hieß es, habe ein Exempel statuieren wollen."

So war das damals und alles schon eine Weile her, aber nicht lange genug, um es zu vergessen, und jetzt war dieses Fest, das Jubiläumsfest, zu dem sie von überallher kamen, die alten, abgewanderten Heidenhofener, und nichts als Feiern und Singen und schöne Worte.

Ihr Lächeln.

Zwei Tage lang hat sie das Bett hüten müssen, so schön war es.

Sie schweigt, schaut auf das Haus, das die Jungen bewohnen. „Wenn ich denen davon erzähle, lachen sie und sagen: Was erzählst du denn da? Sie meinen, ich flunkere. Meinen Sie, dass ich flunkere?"

Ich ziehe weiter auf der Landstraße, die nach Aasen und Donaueschingen führt. Das letzte Haus auf der rechten Seite ist die „Traube" oder das, was von ihr übrig geblieben ist. Verwaschen der Wirtshausname, gesplättertes Holz, verschmutze Fensterscheiben, ein Aushang „Bitte keine Steine, Äste gegen das Haus werfen". Selbst die Kastanie vor dem Haus mit ihrer fast leeren Krone und ihren welken Blättern scheint sich aufgegeben zu haben. Ich marschiere weiter auf Aasen zu, ohne Heidenhofen ganz aus den Augen zu verlieren.

Steiner
Der verlorene Sohn

Als ich ihn das letzte Mal lebend sah, kämpfte er unruhig mit dem Kopfkissen und nahm mich nicht wahr. Er wollte nur noch schlafen. Da legte ich die Zeitung, nach der er verlangt hatte, auf den Nachttisch und ging. Drei Tage später blickte ich in ein völlig entspanntes, friedliches Gesicht, als wollte es mir und den Umstehenden sagen: Schaut her, ich hab's geschafft, und es war nicht einmal schwer.

Die Friedhofskirche in Villingen war überraschend voll von Menschen, die man noch nie gesehen hatte, Menschen in dicken Wintermänteln, mehr Frauen als Männer, der Vikar, der die Trauergäste musterte, als traute er ihnen nicht, während die Orgel selig vor sich hindudelte. Lesung, kurze Lebensbeschreibung, Gebet, Abholung des Sargs, Ave Maria, und das alles in weniger als einer halben Stunde. Anschließend Flucht in den warmen Gastraum vom „Württemberger Hof", der hundert Meter vom Friedhof entfernt war und den es nicht mehr gibt. Ein paar Freunde und entfernte Verwandte, Nachbarn und Rumänen, im Mittelpunkt die rumänische Familie, die sich bis zuletzt um ihn wie um einen der Ihren gekümmert hatte. Kaffee, Kuchen, Brezeln, Bier, Schnäpse. Zigaretten-rauch und Gespräche über den nicht endenden Winter.

Ich hatte Rudolf Steiner 16 Jahre vor seinem Tod kennengelernt, da hatte er schon die 80 überschritten. Er hatte meinen Namen in der Zei-tung gelesen. Er sei viel allein und ob ich ihn nicht einmal besuchen wolle. Er wohnte in der Alemannenstraße in einer Altbauzweizimmer-wohnung. In seinem Wohnzimmer ein großer, alter, runder Tisch, eine durchgedrückte Couch, ein Regal mit Büchern und Fotoalben, an der Wand Ölbilder von Joseph dem Zweiten und dem Hüfinger Wohnhaus, in dem Rudolf Steiner aufgewachsen war.

Er war aufgeräumt, gesprächig und gut gelaunt.

„Mir ist wenig im Leben gelungen, und noch immer habe ich große Lust aufs Leben.“

Rudolf Steiner wird an einem Maitag 1900 in Hüfingen geboren. Sein Vater ist Sägewerksbesitzer. Der junge Steiner besucht das Großherzog-lich-Badische Gymnasium in Donaueschingen, liest die Klassiker, be-wundert deren erhabene Sprache und beschließt, Schauspieler zu wer-den. Als er Familie und Heimat verlässt, gibt er auch gleich noch seine Sprache auf zugunsten der so erhabenen Sprache der Klassiker, besucht in Freiburg eine Schauspielschule, bekommt Rollen am Stadttheater in Konstanz und an der Besperwald-Freilichtbühne in Stuttgart, über-nimmt die Spielleitung an verschiedenen Orten, rezitiert in öffentlichen Lesungen aus dem „Faust“, darunter auch im Rundfunk, und schreibt eigene Stücke, die nie gedruckt werden. Im Krieg darf er russische Ge-fangene bewachen und über den Sinn des Krieges nachdenken. Gegen Ende des Krieges sollte er amerikanische Stellungen stürmen, aber die waren glücklicherweise leer. Nach dem Krieg und der Kriegsgefangen-schaft kehrt er in die alte Heimat zurück, weigert sich aber weiterhin standhaft, seine Sprache, den Baaremer Dialekt, zu sprechen. Seit 1959 wohnt er mit seiner Frau in Villingen, lebt von Nachhilfestunden und der Unterstützung aus einem Kulturfonds. Als seine Frau stirbt, kümmert sich Elena um ihn, eine junge Rumänin, die er adoptiert und die mit ihrer Familie ein Stockwerk über ihm wohnt. Dafür bringt er ihr gutes Deutsch bei und klärt sie über die deutsche Klassik auf.

„Ich habe", freut sich Steiner, „viel Glück im Leben gehabt, als mich der Mann nicht erschoss, mit dessen Frau ich durchbrannte, und als ich heil aus dem Krieg zurückkehrte und am Ende meines Lebens noch zu einer Tochter kam, meiner Adoptivtochter Elena."

Besuchte ich ihn, sprach er von einem Buch, das er gerade las, oder über ein Ereignis, von dem er gerade aus der Zeitung erfahren hatte. Am liebsten sprach er über seine Klassiker, die er immer noch verehrte, und das Schönste, was er sich vorstellen konnte, war, zu Goethes Zeit in Weimar gelebt zu haben. Steiner war kein Träumer, aber diesen Traum gestand er sich zu.

Manchmal erzählte er auch von seinen literarischen Freunden auf der Baar, die Hüfinger „Schreiberseele" Gottfried Schafbuch („Als ich ihm erklärte, dass der Hüfinger Dialekt der hässlichste sei, den ich kenne, und dass Dialektdichter Fanatiker seien, brach er die Beziehung ab"), vom Donaueschinger Max Rieple („Da er sich seines Adels als illegitimer Sprössling des Fürsten in Donaueschingen sehr bewusst war, ließ er seine plebejischen Besucher nur ungern in sein Heiligtum"), vom Hausener Dichter und Bauer Josef Albicker („Er besang die Erde, die bäuerliche Arbeit, die Ernte, und als der Erste Weltkrieg ausbrach, besang er auch gleich noch den Weltkrieg"), vom stillen Villinger Poeten und Tankwart Hans Hauser („Es tut mir heute noch leid, dass ich ihm nur wenige Male begegnet bin").

Einmal fuhr ich mit ihm und Elena nach Hüfingen, wo er uns den Platz zeigen wollte, wo das väterliche Haus und das Sägewerk gestanden hatten und wo heute eine Straße durchläuft. Zu sehen waren nur noch eine Turbine und das Steinerbächle.

Ein Neffe, Wolfram Hoffner, hat sich die Mühe gemacht, eine Familienchronik zu erstellen mit Stammbaum, Ahnenbuch und einer Beschreibung der 5 Generationen von 1769 bis 1936 bzw. 1980, zugleich eine beeindruckende Geschichte der Steiner-Säge. „Die Steiner waren Holzwürmer." Gründer der Holzwürmer war ein Johann Georg Steiner, ein besitzloser Zimmermann, der aus dem württembergischen Gosheim nach Hüfingen kam, 13 Kinder zeugte, von denen zwei ihn überlebten, ein überaus lebenstüchtiger, rühriger Mann, der in seinem Notiz- und Tagebüchlein über alles schrieb, was ihm wichtig war, über ein Reißzeug, das er gekauft hatte oder die Anfertigung eines Stirnrades, über Ausgaben und Einnahmen, das große Wasser von 1778, Hochzeit und Hochzeitskosten und die Geburt der Kinder, mit frommen Wünschen versehen.

Später, im Hüfinger Burgcafé, erzählt der Nachkomme und Letzte der Steinerdynastie am liebsten vom Großvater Wilhelm, dem Enkel und Erben des großen Johann Georg Steiner, der sich als junger Hauptmann den 48er Aufrührern anschloss, zum Entsetzen seiner Ehefrau, die sich, als sie ihn schnappten, weil er zu früh aus der Schweiz zurückgekehrt war, weigerte, ihn im Turm, wohin man ihn gebracht hatte, zu besuchen. Er sollte büßen für seine Dummheit, wie sie es nannte. Dieser Großvater betätigte sich auch bei der Hüfinger Türkischen Musik als Flötenspieler, baute die Säge um, wurde Vater von 14 Kindern und hinterließ ein kleines „Imperium", das Sägewerk, die Landwirtschaft an der Breg mit Scheune, Stallungen und Schöpfe und ein Haus mit Garten und Wiese. Er starb mit 91 Jahren, und es ist anzunehmen, dass er nicht ohne Stolz von dannen ging.

Die Mutter von Rudolf Steiner war eine „Künstlerin", und ihr größtes Glück war ein Klavier, auf dem sie an den langen Sonntagen ihre Walzer spielte. Er sprach gern über seine Mutter, weil ihn ihr stilles Eigenleben rührte und weil ihr Zank und Streitsucht fremd waren.

„Wir hatten wenig Kontakt zu den Nachbarn. Wir lebten unser Leben. Mutter und Vater wollten es so. Wir hingen aneinander. Die Schule aber ließ mich kalt. Kam der Großherzog zu Besuch, war schulfrei, und wir stellten uns zum Empfang an der Straße auf, jubelten und bekamen dafür eine Brezel und ein Bier. Auch den Kaiser durften wir grüßen, der kam noch öfter als der Großherzog zum Fürsten, bei dem er Aufmunterung suchte. 1911 flog der Zeppelin über Hüfingen, auch da gab es schulfrei. Dann kam der Krieg, und in der Schule wurde uns viel vom Krieg und den siegreichen Schlachten erzählt und dass Deutschland nur von Feinden umgeben sei und dass England der perfideste Feind sei und dass die deutschen Soldaten die besten in der Welt seien und wir daher den Krieg am Ende auch gewinnen würden. So viele wollten an die Front, um den Krieg gewinnen zu helfen, auch ich und meine Brüder, aber wir waren noch zu jung, und wir hofften, dass der Krieg noch eine Weile dauern würde, damit auch wir den Krieg gewinnen helfen könnten."

Ein Foto von den Eltern, ernst und nachdenklich.

„Die Eltern haben sich immer um mich und meine Geschwister gekümmert. Ich habe mich wenig um sie gekümmert. Ich wollte fort, ich war 20, und die Ferne lockte, das Abenteuer. Die Baar war mir zu eng, alles war mir zu eng. Und jetzt erlebe ich die Vergangenheit ein zweites Mal, alles da und so dicht und beunruhigend. Hören Sie, alles kommt zurück, das Schöne wie das Hässliche."

Vergangene Irrtümer, Fehler, Ungereimtheiten, die das Gedächtnis in die Gegenwart spült. „Einmal, als ich mit meiner Frau die Straße hinunterging, sah ich die Geliebte heraufkommen. Sie sah zu mir herüber, und ich tat, als sähe ich sie nicht."

Er schwieg, und vielleicht bedauerte er, was er mir offenbart hatte.

„Als mein Vater plötzlich an einer rätselhaften Krankheit starb, übernahm mein Bruder Camill das Sägewerk, während ich hoch zu Ross den Tell spielte. Doch der Bruder starb zu früh, und das war das Ende der Steiner-Säge. Was blieb, waren Schulden, und alles musste verkauft werden."

Da seine Ehe wie auch die seiner Brüder kinderlos blieb, war das auch das Ende der Steiner-Sippe.

Nein, er könne sich nicht beklagen, aber dann die Depressionen, wenn die Toten auftauchten oder Elena längere Zeit abwesend war, weil sie mit der Familie nach Rumänien fuhr. Als einmal jemand Enescus „Rumänische Rhapsodie" auflegte, meinte er: „Ich kann keine Musik mehr hören. Wenn ich Musik höre, kommen mir die Tränen."

Kam Rudolf Steiner auf die Baar zu sprechen, war es, als bereite es ihm Mühe. Die Baar schien es seit der Kindheit nicht mehr zu geben, die Abgeschlossenheit schien es nicht mehr zu geben, ihr Charakter, die Menschen. Selten nahm er das Wort „Baar" in den Mund, sagte lieber „hier oben".

War Elena aus Rumänien zurück, atmete er auf. Elena, die Hilfreiche, Kluge, Überlegte, die den alten Mann auf ihre Art mochte und der ihr auch manchmal auf die Nerven ging, wenn er sich über die Zeit erregte, in der die Sprache verloren gehe, oder die Meinung vertrat, dass man nicht älter als 80 werden dürfe.

Und auf einmal war er 96.

„96 Jahre unterwegs und nirgends angekommen."

Nein, mit der Zeit kam er nicht mehr zurecht.

„Ich durchblicke das alles nicht mehr, ich wähle CDU."

Sein Leben: Orte, ein paar Frauen, ein halbes Theaterleben und literarische Erzeugnisse, die niemand drucken wollte.

„Ich habe gern und mühsam gelebt. Und jetzt ziehen wir um."

Vielleicht waren das seine letzten Worte, die Worte eines Baaremers, der gar kein Baaremer sein wollte.

Die grüne Stadt

Bad Dürrheim, an der B 27/33 gelegen, seit 1976 offiziell heilklimatischer Kurort, seit 2012 Kneippkurort, 700 m Höhe, ca. 13000 Einwohner (einschließlich der Eingemeindungen), 1850 Stunden Sonnenscheindauer pro Jahr (zwanzig Stunden mehr als Meran), ausgestattet mit einem Rathausplatz mit zwei dekorativen Rathäusern im Weinbrennerstil, davon eins mit Glockenspiel, mit Bohrtürmen (die Wahrzeichen der Stadt), mit der Badelandschaft Solemar, mit Kurhaus, Kurpark und Kliniken, dem Solefundloch Nr. 1 im Hindenbrugpark, einem Heimatmuseum, einem Startplatz für Ballonfahrten, einem Jugendwohnheim der Off Road Kids, zwei Kirchen, von denen eine nicht in die Landschaft passt, einem Narrenschopf (Deutschlands größtes Maskenmuseum), einem Kräuter-, Vogel- und Baumlehrpfad und einem Arboretum für Kastanien und mit partnerschaftlichen Beziehungen u. a. zu einem ungarischen Heilbad mit dem wohlklingenden Namen Hajduszoboszlo und anderem mehr.

Viel Grün, viel Parkgelände, viel Wald.

Aber dann hat die grüne Stadt auch noch eine Geschichte, die Geschichte einer Saline. Am Abend des 25. Februar 1822 wird in einer Tiefe von etwa 120 Metern ein Salzstock erschlossen, der das Dorf aus seinem Dornröschenschlaf weckt und später zu einem bekannten und beliebten Solebadeort macht, dem höchstgelegenen Europas. Die denkmalgeschützten Bohrtürme im Ort halten die Erinnerung an die alte Saline wach. Auf einer Informationstafel bei der Saline am Ende der Luisenstraße wird die Geschichte der Entdeckung kurz dargestellt, ausführlicher und mit Messdaten versehen in der Doktorarbeit des Offenburgers Joseph Alfons Steiger „Dürrheim und seine Saline" aus dem Jahr 1910, die auch eine Geschichte der Beharrlichkeit ist. Denn die Entdeckung des Steinsalzlagers ist allein der Hartnäckigkeit und Entschlossenheit einiger weniger Männer zu verdanken, vor allem des Villingers Konrad Heby und des Amtmanns und späteren Domänenverwalters J. B. Willmann.

Mit Hebys Entdeckung eines Gipswerks, so Steiger, fängt alles an. Heby an Willmann: „Der Gipsbruch ist nicht die Hauptsache. Unter ihm liegt ein Schatz von unberechenbarem Werte verborgen.". Er meint das weiße Gold. Willmann, beeindruckt von Heby's Vermutung, verfasst einen Bericht, der auch die badische Regierung erreicht und die Interesse zeigt, denn sie weiß um den Wert des Salzes. Sie schickt auch einen Experten zur Prüfung, der aber bald danach stirbt, und es scheint, als kämen die Aktivitäten zum Erliegen, vor allem aufgrund der politischen Unruhen (Napoleonische Kriege). Als es wieder ruhiger geworden ist, wendet sich Willmann auf Heby's Betreiben an den bekannten Wissenschaftler und „Salinisten" von Langsdorf. „Wären wir so glücklich, für unser ohnehin salzarmes Land ein Salzwerk zu ergründen." Von Langsdorf erhört Willmann's Bitte und sagt zu. Willmann und von Langsdorf machen sich an die Arbeit (Heby ist inzwischen verstorben), und wenige Jahre danach, am 21 Juni 1821, erfolgt der erste Bohrversuch, und nach weiteren Bohrungen stößt man unter großer Begeisterung auf die Spur eines Salzlagers. Das ist am 25. Februar 1822. Ein seltsames Nachspiel trübt das große Ereignis. Ein fürstenbergischer Bergrat, dem an diesem Tag die Leitung des Bohrversuchs übertragen wird, der aber ansonsten nicht viel oder gar nichts mit der Entdeckung der Saline zu tun hat, wird von der Regierung mit einem Orden ausgezeichnet. Langsdorf und Willmann werden übergangen, Willmann wird sogar „jede Einmischung in das

Bohr- und Salinegeschäft zu Dürrheim" untersagt. Drei Jahre danach stirbt Willmann.

1972, genau 150 Jahre nach der Entdeckung, wird die Saline stillgelegt.

Nach den Hauptakteuren der Geschichte der Dürrheimer Saline hat man in der Stadt Straßen benannt, also auch nach Konrad Heby, dem Mann, der das Gipswerk entdeckte, der vermutete, dass beim Gips auch Salz gefunden werden müsste, der Willmann antrieb, tätig zu werden, dem Langsdorf bescheinigte, „mit seltenem Talente für Auffindung wichtiger, aber von andern unbeachteter Naturprodukte begabt" zu sein und der, so Willmann „von Natur aus ein Geognostiker war" (alle Zitate bei Steiger). Im Haus des Gastes sind ein paar alte Bücher zum Thema Salzgewinnung in Bad Dürrheim ausgestellt, auch Bilder von Willmann, von Langsdorf, von Althaus; nicht von Heby (es gibt wahrscheinlich überhaupt keine Bilder von ihm), dafür ist der Raum daneben, in dem Kunstausstellungen stattfinden, nach ihm benannt.

Wer war dieser Konrad Heby (auch Conrad Hebi)? Im Altertümerrepertorium von 1876 heißt es über ihn: „... seiner Profession nach ein Schreiner, eigentlich ein Universal Genie, der sich mit allem eifriger beschäftigte als mit seinem Handwerk." Er habe sich als Mechaniker betätigt, eine Haftenmaschine erfunden, habe sich für Chemie und Mineralogie und Geognosis interessiert, habe in der Klosterbibliothek viel darüber gelesen und sich auch sonst weitergebildet, weshalb man ihn in Villingen, „den unsteten Geist", auch den „Tausendkünstler" nannte. In einer Verwaltungsakte der Stadt Villingen wird eine Bitte des Konrad Heby um Unterstützung für den Bau einer von ihm erfundenen Hebemaschine erwähnt, und in Albert Fischers „Aus Villingens Vergangenheit" ist er im Kapitel „Hervorragende Männer unserer Stadt" mit der längsten Würdigung vertreten. Ansonsten wird er nirgendwo in der mir bekannten Literatur erwähnt. Im Altertümerrepertorium wie auch bei Fischer wird auch sein ungewöhnliches Ende erwähnt. „(Seine) Geschicklichkeit im Gravieren verleitete ihn für eine Falschmünzerbande einen Geldstempel zu fertigen. Deshalb der Mithülfe zur Falschmünzerei angeklagt und eingesperrt durchschnitt er sich im Gefängnisse mit einem blechernen Löffelstiel die Gurgel und zwar in derselben Nacht, wo ihm morgens darauf nicht nur seine Freiheit sondern seine amtliche Anstellung als Inspektor oder technischer Leiter der Staatssaline Dürrheim eröffnet werden sollte …" Offensichtlich war Heby unschuldig und sein Ehrgefühl so stark, dass er Anklage und Haft nicht ertrug.

Leben und Schicksal dieses ungewöhnlichen Menschen wären es wert, ausführlicher beschrieben zu werden. Doch fehlen die Unterlagen, nichts im Villinger Stadtarchiv, nichts im Freiburger Staatsarchiv oder im Generallandesarchiv in Karlsruhe. Selbst in Villingen, wo er lebte, scheinen nur wenige von diesem Mann gehört zu haben, diesem „Tausendkünstler", „Magier", „Faust", der es unter günstigeren Umständen hätte weit bringen können.

Die grüne Stadt, sie ist mir etwas vertraut, denn ich wohne in einem der Nachbarorte, vertraut sind mir die Cafes, die Buchhandlung und der Zeitungsladen, der Hindenburgpark und der Kurpark, der Kapfwald und das Walddcafe, der Aussichtsterrasse der Ostbaar. Dem Maler Hans Thoma hatte es bei einem mehrwöchigen Erholungsurlaub der Sternenhimmel angetan, nie habe er ihn „schöner gesehen als in einer Nacht in Bad Dürrheim", einem Freund hat es die Vielfalt der Singvögel angetan, und ein Kurmusiker verrät, dass ihm zur grünen Stadt Kreislers „Schön Rosmarin" einfalle, ein Stück, das er oft als Zugabe spiele, „ein bisschen fatigant, aber nicht ohne Reiz."

Der ferne Osten
—
Vom Himmelberg zum Lupfen

Es gibt Orte, die Heiterkeit ausstrahlen, auch die Menschen, denen man im Ort begegnet, strahlen, so scheint es, Heiterkeit aus. Öfingen ist das höchstgelegene Dorf der Baar und mit Beinamen versehen wie „Das Dorf am Himmel" oder „Das sonnige Dorf der Baar". 850 m hoch gelegen, scheint hier immer noch die Sonne, wenn der Rest der Baar im Nebel verschwindet. Das Dorf wechselte im Lauf der Geschichte mehrmals die Besitzer, bis es die Grafen von Württemberg erwarben, die im 15. Jahrhundert in der Ostbaar Fuß fassten. 1810 kam es an das Großherzogtum Baden. Dazwischen liegen schmerzhafte Ereignisse, wie sie die meisten Orte der Baar und des ganzen Südwestens erlitten, Pestepidemien, Hungersnöte, Kriege. Auch in der Friedenszeit, die mit dem Ende der Napoleonischen Kriege begann, ging es den abgelegenen Dörfern in der strukturschwachen Region wirtschaftlich meist schlecht. Die Folge war, dass nicht wenige anderswo ihr Glück suchten, in den USA, in Kanada, in der nahen Schweiz. Und während ein Teil von ihnen in der Fremde zu einem besseren Leben fand, warteten auf die Daheimgebliebenen im Jahrhundert darauf neue Kriege, Not und Elend bis zum völligen Neuaufbau nach 1945.

Was mir an Öfingen gefällt, ist die Höhenlage, ein nahezu geschlossener Ortskern, die Kirche mit ihrem markanten Turm und dem stimmungsvollen Vorplatz mit der Sonnenuhr. Die Schießscharten im Turm und die sehr erhöhte Lage deuten auf eine Wehrkirche hin. Bei einer Renovierung in den sechziger Jahren entdeckte man ein Fresko mit einem am Tisch sitzenden Johannes.

Was Öfingen fehlt, wie den meisten Baarorten, sind Geschäfte, auch gibt es keine Schule. Ein paar Häuser stehen da wie aufgegeben. Die Einwohnerzahl sinkt, der Häuserwert sinkt, bekommt man im Rathaus zu hören. Sterben die Dörfer aus?

Der Hausberg von Öfingen ist der 941 Meter hohe Himmelberg. Eine knappe Stunde ist es bis zum Gipfel. Dort oben öffnet sich die Landschaft zu einem weiten Panoramabild mit der gewellten Baarebene, begrenzt vom Schwarzwald im Westen und der Schwäbischen Alb im Osten. Auf dem Gipfel befinden sich eine Schutzhütte, eine geographische Orientierungsplatte und ein Gipfelbuch.

„Bin wieder mit dem Pferd da. Nächste Woche werde ich operiert. Vielleicht komme ich wieder. M."

Auf dem weichen Waldweg nach Talheim glaube ich die Abdrücke eines Pferdehufs zu sehen. Lichtet sich der Wald, sieht man auf Talheim hinab. Es scheint auf der Südseite von Strauchwerk und dichtem Baumbestand zugeschlossen zu sein wie von einer grünen, undurchdringlichen Mauer.

Ein kleiner, älterer Mann mit Hund taucht auf.

„Gibt es einen Weg durch die grüne Mauer?"

Der Mann mit Hund deutet auf eine weitausholende Fahrstraße, während der Hund sich niederlegt.

Wir reden über den Hund, den er für seine Schwiegertochter ausführen darf. Der Hund ist deutsch, er Rumäne. Aber da er schon über zwanzig Jahre in Deutschland lebt, will er nicht mehr Rumäne sein. Er hält nichts von Rumänien. „Rumänien hat alles", meint er, „und das Volk hat nichts."

Ich erzähle ihm, dass ich vor etwa sieben Jahren in Siebenbürgen war.

„Auch in Siebenbürgen sind sie arm", sagt er, „deshalb sind sie ja auch alle gegangen, fast alle."

Er stammt aus dem Norden Rumäniens, nahe der ungarischen Grenze.

„Auch die Rumänen an der Grenze sind arm, auch die Ungarn", teilt er mir in seinem rumänischen Deutsch mit.

Ich hänge mir den Rucksack um.

„Ihr Hund", sage ich, „wie ruhig er daliegt."

„Und der Hund", sagt er, „hat ein steifes Bein."

Wie ich in Talheim einziehe, läuten die Zwölfuhrglocken, wie im Film. Doch habe ich das Gefühl, dass alles um mich herum Wirklichkeit ist, die Bauerngasse, die ich hintergehe und die vielleicht die Hauptstraße ist, die Scharen von Schülern und Schülerinnen (hier gibt es eine Schule!), die auf dem Weg nach Hause sind, ein Mann, der wie ein Bankangestellter aussieht (gibt es hier vielleicht sogar eine Bank?), der kleine Edekaladen mit der Kassiererin, die erklärt, dass Talheim keineswegs ein abgelegener Ort sei, und nach Geisingen sei es ja auch nicht weit.

Am Ende der Bauerngasse ist der Schmiedplatz, benannt nach der alten Schmiede, auf der die Jahreszahl 1526 verzeichnet ist, da lebte Luther, und der Bauernkrieg war gerade zu Ende gegangen. Ein Brunnen, Sitzbänke im Schatten. Ich nehme meinen Rucksack ab und mache es mir bequem. Das Rauschen des Brunnens, die mittägliche Stille. Im Garten vor der alten Schmiede blühen gelber und orangefarbener Mohn.

Eine Frau kommt mit zwei leeren Eimern über die Straße.

„Das Haus gegenüber ist das Ochsenbeckenhaus", erklärt mir die Frau mit den Eimern.

Das Ochsenbeckenhaus ist eine Zierde des Dorfes, ein reich gestaltetes Fachwerkhaus im Renaissancestil. Zuerst war es das Haus des Vogts, dann die Wirtschaft zum Ochsen, dann eine Bäckerei.

„Heute gehört es einem Mann aus Stuttgart, der manchmal an Wochenenden hier auftaucht", weiß die Frau.

Ich frage sie nach dem Geburtshaus von Max Schneckenburger, dem Dichter der „Wacht am Rhein."

Ihre Miene verrät mir, dass ich nicht der erste bin, der danach fragt.

Der große Sohn des Dorfes, dem man einmal Denkmäler setzte in einer anderen Zeit.

Bevor ich gehe, schaue ich noch einmal in den Garten vor der Schmiede, der gelbe und orangefarbene Mohn, auch Island-Mohn, haben es mir angetan.

Ich stehe vor einem vierstöckigen, gelben Haus. Das Geburtshaus des Dichters. Gedenktafel und Reliefporträt. Geranien an den Fenstern. Ein junger Mann schreibt ein Lied, mit dem er zum Helden der Nation wird. Es ist ein Lied, mit dem die Soldaten 1914 über den Rhein ziehen, für den Rhein und gegen den Erzfeind. Heute ist der Name vergessen, nicht hier. Im nahen Tuttlingen gibt es im Heimatmuseum ein Max-Schneckenburger-Zimmer mit Möbeln und anderen Erinnerungsstücken aus dessen Besitz. Ein alter Mann auf einer Bank winkt. Ob ich schon die Gruft gesehen hätte, ob ich ihm die Freude machte und mir die Gruft ansähe. Er beschreibt mir den Weg, er lächelt, er freut sich, dass er mir den Weg beschreiben darf.

Der Friedhof befindet sich hinter der offenstehenden Kirche, die Gruft ist gleich beim Friedhofseingang und ist nicht zu übersehen. Bild und Inschrift: „Max Schneckenburger geb. den 17. Februar 1819 zu Talheim gest. den 3. Mai 1849 zu Burgdorf Hierher überführt am 3. Juli 1886. Dichter der „Wacht am Rhein“.“

Eine Stimme hinter mir: Wenn ich zum Pfarrer ginge, würde er mir vielleicht die Kluft öffnen.

Die Kluft öffnen?

„Er macht es gern, wenn er nicht gerade seinen Mittagsschlaf hält.“

Die Rosen, die die Frau in der Hand hält, scheinen nicht mehr ganz frisch.

„Kürzlich waren ein paar Männer mit einer Fahne da, einer hielt sogar eine Rede“, sagt sie.

„Wirklich?“

Sie sieht mich erstaunt an.

„Warum nicht?“

Gleich neben dem Friedhof befindet sich ein altes Bauernhaus mit einer Gedenktafel folgenden Inhalts: „Hier lebte und wirkte in schwerer

Zeit Beate Paulus geb. Hahn 1778–1818 ein tätiges Christentum, indem sie half, Not zu lindern und auf Gott hinzuweisen." Wer war diese Frau?

Der Weg zum Lupfen führt durch ein neues Wohnbauviertel und weiter oben durch duftende Heuwiesen und hellen Buchenwald. Dann ist mir, als sähe ich erneut den Abdruck eines Pferdehufs auf dem schmalen Pfad, aber kann ein Pferd auf diesem schmalen Pfad gehen? Die Anhöhe mit dem Turm ist fast ganz zugewachsen. Will man etwas sehen, muss man zum Turm hinauf, von wo man sogar den Kirchturm von Öfingen sieht. Von der Burg, die zweimal zerstört wurde, ist nichts geblieben.

Zwei Amateurfunker aus Belgien sind hier auf Station. Der eine von ihnen spricht breites Bayerisch. Sie haben sich ein paar der Baarerhebungen für ihren Funkverkehr ausgesucht, Wartenberg, Fürstenberg und jetzt den Lupfen. Der bayerische Belgier ist von Beruf Flugingenieur, jetzt ist er pensioniert und widmet sich seinem Hobby. Der andere Belgier kann kein Deutsch und hört lächelnd zu.

Um den Turm wachsen meterhoch die Brennnesseln. „Anna S. is a bitch" hat jemand auf den Turm gepinselt. Wo einst der Bergfried der Burg stand, steht heute der Turm des Albvereins. Wie mag die Burg ausgesehen haben? Warum wurde sie zerstört? Warum wird immerzu zerstört? Der Lupfen, der „König der Baar" mit tausend Metern Höhe und einer Geschichte, von der man so gut wie nichts weiß. Die Herren von Lupfen, kann man am Turmeingang lesen, waren einmal mächtige Grafen im Südwesten. Doch nicht mächtig genug, um die Zerstörung ihrer Burg zu verhindern.

Die beiden Amateurfunker gehen auf Sendung.

Ein Schlosspark im Sommer

Den Schlosspark in Donaueschingen betreten heißt eintauchen in eine immergrüne Oase. Ahorngrün, eschengrün, eichengrün, tannengrün, brennesselgrün, grasgrün, auch die Frau mit Hund vor dir ist grün, olivgrün ihr Freizeitlook, nur der Hund ist nicht grün, auch der Himmel ist nicht grün und zum Westen hin bedeckt. Die Maya hatten angeblich vierzig Namen für Grün.

Donautempel. Ahornallee. Brigach.

Der große Schwanenweiher. Stockenten, Blässhühner, ein Schwanenpaar. Auf der Insel der schwarze, anrührende Engel von Franz Xaver Reich, dem Bruder des Hüfinger Malerpoeten Lucian Reich, bronzenes Gedenken an die zu früh verstorbene, betrauerte Fürstin Elisabeth, nach der die Insel benannt ist. Kinder, die Enten füttern, auf den Bänken Frauen, die sich vielleicht über die entenfütternden Kinder unterhalten oder über die Enten oder vielleicht doch über etwas ganz anderes.

Der Schlosspark des Hauses Fürstenberg ist ein vielfältiges, abwechslungsreiches Gelände, bestehend aus kleineren Waldbeständen mit hohen Eichen, Buchen, Tannen, Ulmen, Linden, aus Wiesen mit Schafszungen,

Flockenblumen, Margareten, aus Quellbächen und Kanälen. Der Schloss-park ist über zweihundert Jahre alt und ist immer wieder umgestaltet worden. Einer der großen Umgestalter war der Freiherr von Auffenberg, der Ende des 18. Jahrhunderts die Oberleitung über die Anlagen über-nahm und mit der sumpfigen Beschaffenheit des Geländes zu kämpfen hatte, hundert Jahre später ließ Fürst Karl Egon IV die nächste große Veränderung vornehmen, wie der Beschreibung des Fürstlich Fürsten-bergischen Garteninspektors O. Berndt von 1909 zu entnehmen ist.

Der zweite, kleinere Weiher ist der Paulinenweiher. Ein großer, älterer Mann mit Golfmütze fordert mit hochdeutscher Stimme eine Frau auf, mal schnell zur Seite zu gehen, weil er etwas filmen wolle, vielleicht aufflatternde Enten oder einen dahinziehenden Schwan, und die Frau, die vielleicht seine Ehefrau ist, hüpft artig zur Seite. Ein Kind klettert aus dem Kinderwagen und ist dabei, sich davonzumachen. Hundegebell.

Ein Fußweg ist gesperrt wegen brütender Schwäne. Ein Mann bleibt stehen und überlegt laut, ob er nicht doch den gesperrten Fußweg gehen soll. Es ist der Hochdeutsche mit der Golfmütze, die Kamera griffbereit in der Hand. Doch die Frau hinter ihm will nicht, dass er den gesperrten Fußweg betritt. Nicht weit vom Paulinenweiher entfernt ist die Jubilä-umssäule, die zum Gedenken der Silbernen Hochzeit eines Fürstenber-gers mit der badischen Prinzessin Amalie errichtet wurde. Eine korin-thische Säule aus rotem Sandstein mit dem fürstenbergisch-badischen Allianzwappen und der Inschrift „Zur Erinnerung an den 19. April 1818. 1843." Die Ehe war ein gewagtes Unternehmen, denn die Prinzessin war evangelisch, der Ehegemahl katholisch, auch war sie älter und hatte be-reits eine Ehe hinter sich. Wenn man dem Hofberichterstatter glauben darf, war es eine glückliche Ehe.

Gedenken überall. Gedenken für den Komponisten und Kapellmeis-ter Kalliwoda (dem Nachfolger Konradin Kreutzers), der es fertigbrachte, vierzig Jahre lang die fürstliche Hofkapelle zu leiten; für den FF Leibarzt Dr. Rehmann, der neben seiner ärztlichen Arbeit sich um die naturhisto-rischen Sammlungen des Hofes kümmerte und sogar noch Zeit fand, sei-ner archäologischen Passion zu frönen, indem er half, Bad und Magazin des römischen Castells in Hüfingen freizulegen); für Lessing, dem „Autor der Emilia Galotti", dessen Memorial von der Elisabetheninsel später in eine etwas versteckte Wiese befördert wurde, wo es noch immer steht.

Gesänge in der Luft.

Wolken am Himmel.

Still wird es zum Bahndamm hin, zur Breg, Allmendshofen zu. Keine Kameras, keine Touristen, keine Kinderwagen. Und irgendwann bist du allein mit den verwitterten Denkmälern, den alten Bäumen, den Vögeln.

Der Park ist ein Glücksfall für die Vögel mit seinen Unterhölzern und alten Bäumen, deren natürliche Höhlungen Höhlenbrütern ideale Nistgelegenheiten bieten.

Wie lange diese Oase für die Öffentlichkeit erhalten bleibt? Nachdem die fürstliche Familie vor ein paar Jahren beschlossen hatte, das Schloss zu beziehen, wurde ihr das Leben um das Schloss herum zu lebhaft, und sie begann, den Schlosspark für die Öffentlichkeit teilweise zu sperren. Verbotsschilder wurden aufgestellt, Brücken gesperrt, Wege verbarrikadiert. Nach heftigen Protesten und nachdem die Stadt sich bereit erklärte, jährlich 160 000 Euro zur Pflege des Schlossparks zu bezahlen, hob der Fürst die meisten Verbote wieder auf.

Verschlossen bleibt der Zugang zur sogenannten Donauquelle und zum Schlossgarten mit den gerühmten Rosenbeeten.

Oschwald
—
Wie man wird, was man ist

Es gibt Menschen, die fest entschlossen sind, ihren Weg zu Ende zu gehen, und sei er noch so schwer, und die manchmal auch am Ziel ankommen. Möglicherweise hatte Ambros Oschwald einmal ganz andere Ziele im Auge gehabt, aber nach all dem, was geschehen war, war ihm am Ende das erreichte Ziel vielleicht das einzige erstrebenswerte Ziel geblieben.

Ambros Oschwald wurde 1801 in der Lochmühle in der Gauchachschlucht geboren.

Es war ein abgeschiedenes, einsames Leben, das die Menschen dort zubrachten, und es war ein gefährliches Leben. Ein Bruder von Ambros kam im Hochwasser der Gauchach ums Leben, und einmal rissen die Hochwasserfluten die ganze Lochmühle mit sich. Sicher haben diese frühen Erfahrungen das Weltbild des Ambros Oschwald mitgeprägt. Ein Glücksfall war, dass der mittellose Junge das Gymnasium in Donaueschingen besuchen durfte, wo er sich für die Kunst und die christliche Mystik interessierte. 1833 ließ er sich in Freiburg zum Priester weihen und übernahm in der Folgezeit Kaplan- und Pfarrverweserstellen an verschiedenen Orten auf der Baar und im Schwarzwald.

Dabei machte er sich in der Region schnell einen Namen, nicht als Priester, sondern als Wunderheiler. Das heißt, er behandelte Kranke, vor allem Gemütskranke, mit Handauflegen, Gebet und Gespräch und hatte offensichtlich bei nicht wenigen Menschen Erfolg. Nachbargeistliche, welche fürchteten, ihre Schäflein zu verlieren, wandten sich an das Erzbischöfliche Ordinariat, das sich mit dem Geistlichen von nun an gründlich beschäftigte. Daraus entstand ein Schriftwechsel, den Paul Priesner in seiner Dissertationsarbeit „Leben und Wirken des Priesters Ambros Oschwald" von 1984 auszugsweise wiedergibt und aus dem hier zitiert wird.

Dieser Schriftwechsel ist ein großes Missverständnis und ein sinnloses Aneinandervorbeireden. Wie sollte eine Kirchenbehörde, in diesem Fall das Erzbischöfliche Ordinariat in Freiburg oder der Katholische Oberkirchenrat in Karlsruhe, einen Priesters verstehen, der therapeutische Behandlungen neben seiner priesterlichen Arbeit verrichtet, weil er meint, dass die Verweigerung einer therapeutischen Hilfe eine Sünde gegen die Nächstenliebe sei?

Mit wachsendem Argwohn verfolgten die vorgesetzten Behörden das Treiben des jungen Seelsorgers, dem sie Anmaßung und Sektiererei vorwarfen. So in Hammereisenbach, wo Oschwald seit 1838 als Priester und Heiler wirkte und weit über den Ort hinaus bekannt wurde. Es waren vor allem Schwermütige und Gemütskranke, die seine Hilfe suchten, auch weil sie nirgendwo anders Hilfe fanden. Als ihn Behörden und Ärzte der Täuschung beschuldigten, antwortete ihnen Oschwald: „Man sagt, ich mische mich in die ärztliche Praxis ein. Darauf erwidere ich, dass ich keine Medikamente anwende. Wer aber auf solche vertraut, der möge sich ihrer bedienen; nur soll er mich dann in Ruhe lassen. Ich brauche nur das Gebet … und die Händeauflegung. Wer mir glaubt, wird Hilfe finden und bedarf keiner weiteren Hilfe mehr. Durch Gebet und Händeauflegung habe ich bisher schon viele Hunderte geheilt. Warum darf ich das als Christ und Priester nicht tun? Warum darf ich den Bedrängten nicht helfen, wenn ich doch weiß, dass ich es kann?"

Und an anderer Stelle: „Ich bin froh, wenn niemand zu mir kommt und mich belästigt; wer aber von allen Ärzten aufgegeben worden ist oder bei ihnen wenigstens keine Hilfe gefunden hat und sich vertrauensvoll an mich wendet, dem will ich unbedingt helfen."

Oschwald verstand eben seine seelsorgerische Aufgabe nicht nur darin, die Gläubigen auf dem Pfad der christlichen Tugenden zu führen, sondern ihnen auch in Krankheit und Bedrängnis beizustehen. Da er glaubte, dass Gott ihm die Gabe der Heilkraft gegeben habe, meinte er auch, sie ausüben zu müssen. Daran änderten auch Vorladungen, Verbote und Drohungen nichts. Oschwald blieb dabei, dass die Seelsorge mehr sei als nur Predigen, Sakramente austeilen und Beichte hören. Auch weigerte er sich, Hammereisenbach zu verlassen, wie ihm das Erzbischöfliche Ordinariat nahegelegt hatte. Als er dann doch Hammereisenbach aufgeben musste und in Stühlingen sein neues Amt antrat, setzte er dort seine Heiltätigkeit zum Ärger der vorgesetzten Behörden fort.

In einem Bericht des Bezirksamts Stühlingen heißt es dazu: „Oschwald dehnt nun auch seine heillose Praxis auf Evangelische aus, was ihm bei dem in der benachbarten Schweiz herrschenden Pietismus ... leicht fällt. In der Kirche und wenn er aus ihr herausgeht, ist er stets von zahlreichen Gläubigen umgeben. Er treibt sein Unwesen teils in der Kirche, teils auf Abwegen im Freien, teils in seiner eigenen, teils in der Wohnung von Privaten auf eine Weise, dass ihm von Seiten des Aufsichtspersonals nicht beizukommen ist." Geld nehme er nicht an; wenn man es ihm aber aufdränge, verwende er es nicht für sich selbst.

Was Oschwald voraussah – „Ich werde wie ein Landstreicher von einem Flecken des Landes zum anderen getrieben werden" – geschah: Strafversetzungen in entlegene Dörfer wie Ballenberg, Herrenwies, Hofsgrund, Urach folgten, um ihn von seinen Anhängern zu trennen und um ihn zum Schweigen zu bringen. Doch das Gegenteil war der Fall, denn er fand immer neue Anhänger in den Dörfern, in die er versetzt wurde.

Was nun seine Lage verschlimmerte, waren seine „Mystischen Schriften", die im Revolutionsjahr 1848 erschienen und die dunkle Prophezeiungen enthielten, wie etwa neue, noch nie dagewesene Kriege oder die Heraufkunft des Tausendjährigen Reiches und das Ende der Welt, dazu so ketzerische Thesen wie die, dass man von der Hölle ins Paradies aufsteigen könne oder dass Christus ein zweites Mal erscheinen werde, diesmal um Gericht zu halten. Zeitbezogener hören sich seine kritischen Anmerkungen zur Zeit mit ihrem Fortschrittsdenken an, ihrem Sittenverfall („Ja, ein furchtbarer Hurengeist beherrscht derzeit die Welt"), der Industriellen Revolution („Es ist der Höllenschlund aufgetan"), der Presse („Eines der vorzüglichsten Mittel, wodurch der Satan seine Bosheit auf Erden ausgiesset").

Was die Kirchenoberen am meisten beunruhigen musste, war, dass immer mehr Menschen in Baden sich den Gedanken des Ambros Oschwald zuwandten und dass sektenähnliche Gruppierungen entstanden. Deshalb forderte das Erzbischöfliche Ordinariat in Freiburg Oschwald auf, die in den „Mystischen Schriften" enthaltenen Irrtümer zu widerrufen, ansonsten drohe ihm die Suspendierung. Oschwald widerrief nicht und weigerte sich, sich von der wachsenden Schar seiner Anhänger loszusagen. An das Erzbischöfliche Ordinariat schrieb er: „So wie ich die eigenen Pfarrangehörigen leite, so leite ich auch alle, die zu mir kommen. Da ich aber alles mit Eifer, Wärme und Glauben besorge, wodurch die gläubigen Seelen erbaut werden, streben viele Leute danach, meinem Gottesdienst beizuwohnen. Sie kommen zu mir, weil Geistliche oft mit Lauheit und Kälte ihre Funktionen verrichten und durch andere Schwachheiten ihr Vertrauen verlieren."

Doch der inzwischen fünfzig Jahre alte Oschwald scheint der Kämpfe müde geworden zu sein. Sein Blick richtete sich auf ein Land, wo es vielleicht möglich war, eine Gemeinde nach eigenen Vorstellungen zu gründen: Gemeinschaft, Bedürfnislosigkeit, Frömmigkeit. Und dieses auserwählte Land hieß Amerika. Der Gedanke, das Land zu verlassen und sein Glück in der Neuen Welt zu suchen, kam den Kirchenoberen sehr entgegen, denn so konnte man den Widerspenstigen ein für allemal loswerden.

Nicht alle waren begeistert, nicht seine Anhänger, die „Oschwaldianer", auch nicht die Gemeinden, in denen er tätig gewesen war und wo seine Arbeit als Seelsorger offensichtlich geschätzt wurde. Bezeichnend die „Öffentliche Danksagung" der Gemeinde Hofsgrund in der Neuen Freiburger Zeitung vom 11. November 1851: „Wir unterzeichnete Vorsteher der Gemeinde Hofsgrund finden uns verpflichtet, unserm unvergesslichen Wohltäter, dem Herrn Pfarrverweser A. Oschwald, die öffentliche Anerkennung und Danksagung hiermit auszusprechen. Herr Oschwald hat in der Zeit vom 11. Jänner 1850 an, von welcher Zeit an er der hiesigen Gemeinde als Seelsorger vorstand, einen unvergesslichen Ruhm erworben; sein Andenken bleibt auf Jahrhunderte in der Gemeinde heilig. Obschon es frevelhafte Zungen genug gibt, welche diesen würdigen Geistlichen zur Missachtung herabwürdigen und verleumderische Reden gegen ihn führen, so müssen wir zur Widerlegung derselben offen und pflichtmäßig bekennen, dass Herr Oschwald ein würdiger Priester ist, und jeder rechtschaffene wahrheitsliebende Mann, der ihn näher kennt, wird ihm dieses Zeugnis geben …"

Es war im Frühjahr 1854, als Oschwald „wie einst Moses mit den Seinen" sich dann endgültig entschloss, ins Gelobte Land zu ziehen. Das Ordinariat reagierte sofort, und in einem der letzten Schreiben ist nicht zu übersehen, wie befriedigt man über den Abschied von dem ungeliebten Sohn der Kirche war: „Euer Hochwürden übersenden wir in der Anlage die erbetenen Dimissorialien und Ihren hier eingekommenen Reisepass. Indem wir Euer Hochwürden Gottes Schutz und Segen für Ihre Reise und Ihren Aufenthalt in Amerika von Herzen wünschen, ermahnen wir Sie im Herrn, dass Sie immer und in allen Beziehungen im Glauben, der Sittenlehre, dem Kult und der Kircheneinheit an unserer heiligen römisch-katholischen Kirche festzuhalten." Und in einer Art Empfehlungsschreiben heißt es: „Wir bezeugen, dass er – obgleich er zum Separatismus neigte und ein Buch voll von falschen Gesichten herausgegeben hat – im Glauben, in der Disziplin und im Ritus unserer römisch-katholischen Kirche anhing, ein in jeder Beziehung reines Leben führte …"

Im Mai 1854 bricht Oschwald mit seinen Anhängern nach Calais auf. Es handelt sich um zwei Auswanderergruppen, die zusammen 113 Personen zählen. Im Juni besteigen diese die Schiffe nach New York. In einem unberührten Waldgebiet von Wisconsin lassen sie sich nieder. Es werden Blockhäuser und eine Kirche gebaut, es wird gerodet, gesät und um fehlendes Geld gebettelt. Es herrscht Arbeitsteilung zwischen den Geschlechtern, die Frauen sind zuständig für die Arbeit im Haus und im Gemüsegarten, die Männer sind in der Landwirtschaft oder handwerklich tätig. Als es wirtschaftlich aufwärts geht, werden eine Schule, ein Waisenhaus und ein Seminar gebaut. Das geschieht zehn Jahre nach der Gründung der Kolonie, die den programmatischen Namen St. Nazianz trägt, den Namen jenes Kirchenvaters, der erklärt hatte, dass Privateigentum Unrecht sei. Die Siedlung hatte jetzt 400 Seelen, und immer neue Siedler kamen. Sie war halb Klosterbetrieb, halb Genossenschaft. Wie die Chronik von St. Nazianz berichtet, wurde Oschwald nicht müde, immer wieder an die Bibelverse zu erinnern, in der von der Gemeinschaft die Rede ist, die alles gemeinsam hat.

Unumstrittener Lenker und Leiter blieb Ambros Oschwald bis zu seinem Tod im Winter 1873. Dieser strenge, erzkonservative, fortschrittsfeindliche, puristische, charismatische Patriarch gab seiner Gemeinde Geist und Impuls. Wie sehr die Kolonie von ihm abhing, zeigte sich nach seinem Tod, als der Zuzug aus Deutschland nachließ und schließlich ganz verebbte. Gegen Ende des Jahrhunderts wurde die Kolonie vom Salvatorianerorden übernommen, und das war das Ende des Oschwaldianertums.

St. Nazianz aber besteht immer noch wie auch der Gedanke der Verweigerung und der Bewährung und der „Sehnsucht nach dem Ursprung" (Eliade). Für Ambros Oschwald war die Welt auf einem falschen Weg begriffen, und St. Nazianz war das Gegenmodell und ein Experiment, und wie viele Experimente scheiterte es.

Hausen vor Wald
—
Albicker

Die Geschichte des Dorfes liest sich wie die Geschichte der meisten Baardörfer, doch verzeichnet die Ortschronik eine besonders rege Teilnahme der Bauern in Hausen vor Wald am Bauernaufstand, wie auch aus einer Klageschrift der Schellenberger Herrschaft hervorgeht, in der sich der klagende Freiherr noch mehr über den Wortbruch seiner leibeigenen Bauern zu erregen scheint als über den Aufstand selbst; auch die Anwerbung von Kriegsknechten zur Niederschlagung des Aufstands ist ein Grund zur Klage – die Kosten.

Bis lange nach dem 2. Weltkrieg war Hausen vor Wald ein reines Bauerndorf, schreibt der Hausener Herbert Petzold in seiner ganz persönlichen, bebilderten Ortsbeschreibung. Außer dem Pfarrer, dem Lehrer und dem Kunstmaler Schroedter seien fast alle Dorfbewohner mit der Landwirtschaft beschäftigt gewesen, dann habe das Bauernsterben begonnen, womit sich auch das Ortsbild änderte, als an Stelle von Ökonomiegebäuden Wohnhäuser traten.

Ich schaue mich ein wenig im Ort um. Eine junge Frau in roten Jeans, die gerade ihr Töchterlein in den Kindergarten gebracht hat, will, halb erstaunt, halb amüsiert, wissen, was ich, der Ortsfremde, hier suche.

„Hier ist doch nichts, was interessant wäre, oder? Und es ist auch nichts los hier. Ich wohne jetzt siebenundzwanzig Jahre hier, aber passiert ist nichts, und es wird auch nichts passieren. Was soll denn schon passieren?"

Die Tatsache, daß nichts passieren wird, scheint sie ein wenig ratlos zu machen.

Aber dann muss sie lachen.

„Was erzähle ich Ihnen da. Am Sonntag ist Kindergartenfest, und die Woche darauf feiern die Fußballer ihr Sommerfest. Ist doch auch was, oder?"

Sie wirft mir einen vagen Blick zu, geht weiter.

Dann dreht sie sich noch einmal um.

„Schon der Name sagt doch alles, oder? Am Arsch der Welt, das ist der richtige Name."

Sie lacht, und lachend geht sie davon.

Die Kirche liegt exponiert auf einem Hügel wie die Kirche in Neudingen, in Öfingen oder in Sumpfohren. Sie ist eine der wenigen Barockkirchen der Baar. Reicher Stuckdekor, Deckengemälde, eine Adelsloge. Grabsteine und Gedenktafeln der Damen und Herren von Schellenberg mit Wappen und Totenkopf. Da heißt es: „Diser Ritter ist gestorben, damit er lebe." Oder realistischer: „Wür sterben alle und fliesen dahin, wie die Wasser auf Erden, so da nicht wiederkehren."

Etwa zweihundert Meter weiter oben liegt der von einer mannshohen Thujahecke umgebene Friedhof Richtung Behla, von daher der Ausspruch „Er wird bald Belle zue go" für einen, der bald sterben wird, wie Petzold schreibt. Ich suche nach einem Grab. Ich gehe zweimal über den kleinen Friedhof, aber ich finde das Grab nicht. Eine Frau vielleicht um die siebzig macht sich an einem Grabstein zu schaffen. Sie ist außer mir die einzige Person auf dem Friedhof. Ich bin froh, dass sie da ist. Die freundlichsten Menschen findet man auf dem Friedhof. Ich wechsle ein paar Worte mit ihr und frage sie nach dem Grab, das ich suche, dem Grab von Josef Albicker.

„Aber das Grab ist eingeebnet", erklärt sie.

„Eingeebnet?"

„Oh, er lag lang genug hier."

Ich rechne nach. 42 Jahre.

„Dort drüben liegt sein Sohn, der Adolf, aber der Vater liegt nicht mehr hier."

Sie spricht wie eine, die sich auskennt.

Hatte sie Josef Albicker gekannt?

Sie seufzt.

„Ich habe ihn einige Male gesehen, aber gekannt? Nein, gekannt habe ich ihn nicht."

Dann hat sie eine Idee.

„Gegenüber dem „Adler" wohnt die Frau vom Adolf, dort läuten Sie und sagen ihr einen Gruß von Irma, das bin nämlich ich, dann macht sie Ihnen bestimmt auf. Die kann Ihnen mehr erzählen als ich."

Bevor ich den Friedhof verlasse, schaue ich nach dem Grab vom Kunstmaler Hans Schroedter, einem der Baaaremer Landschaftsmaler, der sich nach dem ersten Weltkrieg in Hausen niederließ und von dem im Winter 2012/13 im Stadtmuseum Hüfingen eine größere Ausstellung stattfand.

Der Weg durchs Dorf. Auf einer bröckenden Hausmauer der Spruch: „Erlahmt des Bauern fleißige Hand / Versinkt in Not das ganze Land".

Vielleicht ist er von Albicker.

Am Ende des Dorfes gegenüber dem „Adler" das Haus von Frau Albicker, der Schwiegertochter von Josef Albicker.

Ich läute. Ein Frauenkopf erscheint am Fenster.

„Ein Gruß von Irma", sage ich schnell, bevor sie den Kopf zurückziehen kann.

Der Frauenkopf nickt, die Haustür wird einen Spalt breit geöffnet.

Ob sie mir etwas über ihren Schwiegervater Josef Albicker erzählen wolle.

Ihr langer Blick

„Ja, was soll ich denn sagen? Er hat viel getrunken, aber andere trinken auch viel, er hat hart gearbeitet und sinniert, vielleicht noch mehr als andere. Nein, er war schon recht, aber sinniert hat er. Das viele Sinnieren hat ihm nicht gut getan, hat ihn vergrämt, und mehr kann ich Ihnen auch nicht sagen. Warum gehen Sie nicht mal hinüber zum Wolfgang, dem Enkel, der weiß bestimmt mehr oder seine Frau, die Johanna, die hat's sogar mit der Familiengeschichte."

Wolfgang Albicker, der die Straße gegenüber wohnt, erzählt, dass seine Frau einiges wisse, weil sie sich doch auch mit Familiengeschichte befasse, aber leider sei sie gar nicht da.

Ich gebe ihm meine Visitenkarte und beschließe, im „Adler" etwas zu trinken. Wie ich da sitze, spüre ich dieses Augenpaar, das mich vom Nebentisch aus beobachtet. Es ist ein scharfes, nicht unfreundliches Augenpaar, das einem sehr alten Mann mit unzähligen Runzeln im Gesicht gehört, und wenn das Augenpaar mich lang genug beäugt hat, fängt eine Stimme an zu sprechen, langsam, mit Pausen und mehr für sich, doch ohne mich aus den Augen zu lassen, also dass der Josef Albicker viel für die Schweinehaltung getan und den Obstbaumschädling bekämpft und die Kriegspferde mit einer Ehrenspende von einem Sack Hafer geehrt habe und in der Parteiuniform durchs Land gezogen sei und dass ihn später die Franzosen holten und nach seinem Tod der Hof abgebrannt sei.

Einmal wendet er sich ab, als habe er alles gesagt, was zu sagen war, und ich trinke mein Glas leer und zahle.

„Er hat sie zur Frau Albicker gehen sehen", klärt mich die Kellnerin auf.

Wer war Josef Albicker?

„Am anderen Ende vom Dorf fast oben am Wald wohnt einer, der hat ihn gut gekannt. Vielleicht versuchen Sie's mal bei dem."

Gallinowski
—
Bewegtes Leben

Lutz Gallinowski ist Baaremer und Weltreisender zugleich. Sein Leben dazwischen weist eine erstaunliche Fülle von Tätigkeiten auf: Kraftfahrzeugmeister, Fahrlehrer, Marathon- und Skimarathonläufer in Finnland (wo er seine Frau Ritva kennenlernt und sich den finnischen Leitspruch aneignet: „Sisu" d. h. „Nicht Aufgeben"), Abenteurer, Fotograf, Seemann (einmal auf einem Verbrecherschiff), Tibetaktivist, Naturschützer, Pilger und Gastgeber mit einer kleinen Jakobus-Pilger-Herberge, die Lutz und Ritva Gallinowski zu einem Rasthaus nicht nur für Jakobus-Pilger, sondern auch für Wanderer erweitert haben, seit 2011 auch ein Haus der Einkehr.

Einmal ist Lutz Gallinowski in Berlin dem Dalai Lama begegnet, einem der Vorbilder neben Mahatma Gandhi, Albert Schweitzer, Mutter Teresa oder Sun Kyi. Er hält viel von Wechsel und Abwechslung, von Beweglichkeit und Bewegtsein. Von Stillstand hält er nichts. Von der Politik hält er auch nicht so viel. „Es wird zu viel gelogen", „Wirtschaftliche

Interessen überlagern alles." Die Politiker als Handlanger der Konzerne und deren Lobbyisten. Und das Leben? Quellen gibt es genug. Eine der Quellen ist für ihn die Natur. Um der Natur zu begegnen, muss man sich auf den Weg machen, immer und immer wieder. Sich auf den Weg machen, in Bewegung sein, die Hauptquelle.

Mit Lutz Gallinowski zu reden bedeutet, mit ihm zu reisen, durch die Welt, auch durchs Leben. Ende der neunziger Jahre verließ er Aldingen und zog hinunter ins Wutachtal nach Achdorf, wo er der Natur noch näher war und wo er ein heruntergekommenes Haus neu her- und einrichtete und wo er beschloss, noch einmal neu anzufangen. Dazu gehörte, die Welt zu erkunden, die nahe und die ferne, am liebsten allein. „Die Welt fasziniert mich." Das Neue, das Andere, das Fremde faszinieren ihn, Landschaft, Menschen, Lebensweisen, Traditionen. Das Reisen und Wandern als ganzheitliche Lebensform.

In zweiundzwanzig Tagen wandert er auf dem Traumpfad von München nach Venedig, pilgert die zweitausend Kilometer von Achdorf nach Compostela, besteigt den Kilimandscharo, Afrikas höchsten Berg. Zu seinem 50. Geburtstag erfüllt er sich den größten Traum: Tibet, das er zum ersten Mal erlebt, als er vom Himalaya bis zur Südsee radelt, wofür er ein Jahr braucht. Eine Reise, die ihn durch verschiedene ostasiatische Länder führt und ihn mit existenziellen Fragen konfrontiert, so mit der Frage nach dem Überleben in der tibetischen Hochgebirgswüste auf 4.000 Meter Höhe, wo er mit Naturgewalten wie Sturm und Orkan vertraut wird, die ihm das Zelt davonblasen und ihm die Grenzen aufzeigen, und wo ihn Gefühle von Demut und Dankbarkeit erfüllen, wenn ein rettender Eselskarren aus dem Nichts auftaucht. „Seitdem habe ich keine Angst mehr."

Tibet ist auch das Ziel der zweiten Asienreise, die vielleicht auch eine Art ganz private Pilgerreise wird mit der Umrundung des heiligen Berges, dem 6714 hohen Kailas im Transhimalaya, dem höchsten Punkt vom „Dach der Welt", von wo die großen Flüsse nach allen Richtungen davonfließen, Brahmaputra, Indus, Satlej, Karnali. Die Nabe der ältesten Kulturkreise der Welt, von den Hindus als Sitz Shivas angesehen, für die Buddhisten das Mandala der höchsten Glückseligkeit, für Buddhisten und Hindus das Zentrum der Welt, Höhepunkt einer Reise, die aus undenkbaren Erlebnissen und unerwarteten Situationen besteht.

Und immer wieder die Anziehungskraft der Berge, ihre mythisch-religiös überhöhte Bedeutung. Der naturverbundene oder religiöse Mensch, der den Berg nicht bezwingen will wie der sportlich oder kommerziell ausgerichtete Hochleistungsbergsteiger, sondern der sich vom Berg bezwingen lässt, von seiner Macht und Stille. „Im Gänsemarsch schweigen wir uns durch die Landschaft", wie Franziska Müller ihre Wanderung durch das Annapurna-Massiv einmal im „Schwarzwälder Boten" beschreibt.

Ja, er habe gelernt. Vor den Reisen sei er unzufrieden gewesen, danach habe das Materielle nicht mehr die Rolle gespielt wie zuvor. Er lernt, neue Freuden zu entdecken, so, wenn er sich in der Weite der Landschaft verliert, wenn er buddhistische Wertvorstellungen kennenlernt wie die, dass alles Leben erhaltenswert und die Wissenschaft nicht alles ist.

Die letzte große Asienreise fand 2010 statt, bei der Lutz Gallinowski in Kambodscha die Tempelanlagen von Ankor Wat besucht wie auch die „Killing Fields" des Pol Pot Regimes der siebziger Jahre. Kultur und Barbarei. Im Herbst hofft er, den Maler Vann Nath zu treffen, der, um sein Leben zu retten, immer wieder Pol Pot malte.

Asien, wie er es sonst noch erlebt: nicht das Gesicht verlieren (im Gegensatz zum Europäer), nicht laut werden, nicht schreien, sich nicht entblößen (so sollte es jedenfalls sein). Statt dessen lächeln, das Gesicht nicht verziehen, „auf dass nicht die Zornesfalte mein Lächeln mir stehle" (Li Bai), das Gesicht notfalls hinter einer Maske verbergen im Guten wie im Bösen. Zwei Männer im Streit, der eine beleidigt den anderen, dieser geht lächelnd ab, kehrt lächelnd zurück, erschießt den anderen lächelnd, so jedenfalls hat er es gehört. Das asiatische Lächeln, die verschiedenen Arten des Lächelns, das einer Sprache gleichkommt, für den Fremden nicht immer leicht zu durchschauen. Das tibetische Lächeln, das – so Gallinowski – von innen kommt, mit der Seele zu tun hat.

Den Ländern im so fernen Osten hat er sich mit großer Neugier genähert, Tibet aber hat er ins Herz geschlossen. „Ich war schon immer fasziniert von der Mystik des Landes." Was ihn beeindruckt, ist die Güte der Menschen und die Kraft, mit der sie die anhaltende chinesische Unterdrückung ertragen und an ihren traditionellen spirituellen Werten festzuhalten suchen in der Konfrontation mit dem kalten, rein ökonomischen Fortschrittsdenken des herrschenden Systems. Seine Erfahrungen haben ihn zum Tibetaktivisten gemacht, indem er Spenden sammelt, Vorträge hält, Ausstellungen organisiert, sich an Mahnwachen beteiligt oder sich auch mal in Ketten legt, um auf die gewalttätige Herrschaft in Tibet aufmerksam zu machen. Auch die meisten Bücher in seinem Bücherzimmer haben mit Tibet zu tun, mit der Geschichte, den Menschen.

Da ist die eine ferne, fremde Welt, und da ist die andere, nahe, vertraute Welt, das Zuhause, das Dorf, die Landschaft, die so nahe Natur („Ich bin ein Naturmensch"), die immer wieder neu entdeckt wird, wie der Biber in der Wutach, dessen Nagespuren er monatelang gefolgt war, der Silberreiher, den er seit Wochen beobachtet, die Flugkünste der farbenprächtigen Eisvögel. Die reiche Naturlandschaft des Achdorfer Tals. Fast achtzig Vogelarten sind hier bekannt, vierzig Orchideenarten gibt es. „Wir haben das Glück, in einer Gegend zu leben, wo die Natur noch in Ordnung ist, wo wir heile Welt noch direkt vor unserer Haustür haben." Der Waldgänger Gallinowski, der scheinbar nichts übersieht, auch nicht die „Adern" in einem zerfallenen Blatt oder die Raupe auf der Brennnessel. Mit Lutz Gallinowski wandern heißt lernen, auch das Kleine wahrzunehmen.

Und er engagiert sich für diese Natur, so im Streit, als es um die Erhaltung der Wutachwehr und das geplante Wasserkraftwerk ging, der die Gemüter vor Jahren erhitzte. Dabei engagierte sich Gallinowski so sehr gegen das geplante Wasserkraftwerk, dass er als Ortspfleger abgesetzt wurde. Was er noch heute nicht verstehen kann, ist, dass achtzig Prozent der Leute im Tal für den Erhalt der Wehr sind, aber niemand bereit war, sich öffentlich zu äußern, so dass er am Ende so gut wie allein dastand.

Und so hat sich Lutz Gallinowski, der Baaremer Weltreisende, vorerst mal zurückgezogen aus dem Gemeindegeschehen, aus dem alltäglichen Streit, den Blick in die Ferne gerichtet. Asien lockt, der Mekong lockt.

Aus der Geschichte der Baar
—
Der Bauernkrieg

Der Bauernkrieg, der große Teile Süd- und Mitteldeutschlands heimsuchte, war natürlich kein Krieg, sondern ein Aufstand, eine Revolution ohne ideologische Blickrichtung, ohne abstrakte Parolen wie Freiheit, Gleichheit, Brüderlichkeit oder Alle Macht den Räten. Die Parolen, die die aufsässigen Bauern auf ihrem Panier hatten, waren sehr konkrete, naheliegende Forderungen wie Abschaffung der von den weltlichen und kirchlichen Grundherren andauernd erweiterten Frondienste und der willkürlichen Abgaben, Aufhebung der Leibeigenschaft, das Recht auf Allmende (zur Allmende gehörten, gemeinwirtschaftlich genutzt, Weide, Wald und Gewässer, von den Grundherren immer mehr eingeschränkt), das Recht auf Jagd, Pfarrerwahl, freie Heirat u.a.m. Die Forderungen waren maßvoll, erst später wurden sie radikal, als unter dem Einfluss von Thomas Müntzer die Obrigkeit ganz in Frage gestellt wurde und die biblisch begründete Gleichheit aller vor Gott beschworen wurde nach dem Motto „Als Adam grub und Eva spann / Wo war denn da der Edelmann?"

Es war ein ungleicher Kampf von mit Sensen und Äxten bewaffneten, oft ungeordneten Bauernhaufen gegen mit Schusswaffen versehene, taktisch klug eingestellte Fürstenheere. Die Bauern hatten keine Chance, und vielleicht wussten sie es. Dass sie trotzdem diesen Kampf wagten, lag an ihrem Zorn, ihrer Verzweiflung und vielleicht an einem vagen Glauben an Gottes Gerechtigkeit. Denn kann Gott zulassen, dass die einen sich ein Leben lang abrackern, während die anderen ein müßiges Leben führen auf Kosten derer, die sich abrackern?

Die Unruhen im Südwesten begannen in der Landgrafschaft Stühlingen im Sommer 1524 und nahmen zu, als sich Stühlinger und Schwarzwälder Bauern unter Hans Müller von Bulgenbach zum großen „Großen Haufen" vereingten.

Die Quellen beschreiben Hans Müller von Bulgenbach, den die Bauern in Bonndorf zu ihrem Hauptmann, d. h. zu ihrem Anführer gewählt hatten, als einen überaus fähigen Militär und geschickten Redner, „den alle fürchteten" (Chronik des Andreas Lettsch). Dieser 1490 im Weiler Bulgenbach, heute zur Gemeinde Grafenhausen gehörend, geboren, gehört zu jenen geschichtlichen Gestalten, die jäh aus dem Dunkel ins Licht der Geschichte auftauchen, um wieder im Dunkel zu verschwinden. Man weiß so gut wie nichts über ihn, außer, dass er 1 Jahr lang Geschichte machte, indem er auf dem Höhepunkt des Aufstands Bauern aus dem südlichen Schwarzwalds, der Baar, dem Hegau, Klettgau und Hochrhein zusammenführte, wie es in der Geschichte zuvor noch nie geschehen war und bei den Herren und Obrigkeiten ungläubiges Staunen hervorrief. Schon vor der Erhebung zog er im roten Umhang durchs Land, hielt aufrührerische Reden, ließ Artikel verlesen, um die noch zögernden Bauern zur Teilnahme am Kampf aufzurufen. Unter ihm zog im Herbst 1524 der sogenannte Große Haufen über die Wutach hinauf zu den Dörfern der Baar und ins Bregtal, wo sich die meisten Bauern dem Großen Haufen anschlossen.

Die Brigachtäler Bauern, die der Villinger Herrschaft untertan waren, bildeten einen eigenen Neuen Haufen unter der Führung von Oswald Meder aus Rietheim und verfassten in der Klengener Mühle im heutigen Brigachtal einen Artikelbrief mit 16 Punkten, der dem Villinger

Rat übergeben wurde. Der Artikelbrief enthielt naheliegende, praktische Forderungen wie das Recht auf Jagd und Waffentragen, die Entbindung von Frondiensten und unrechtmäßigen Steuerzahlungen. Die Villinger Herren waren nicht erfreut über die Botschaft, denn sie kam von Aufrührern. Um Zeit zu gewinnen, tat man, als sei man bereit zu verhandeln, in Wirklichkeit beratschlagte man, wie man den Aufrührern am besten beikäme. Bei einem dieser militärischen Unternehmungen zum Ende des Jahres 1524 wurden Bauern auf der Flucht von Villinger Reitern erstochen, und so konnte von Verhandlungen nicht mehr die Rede sein. Villingen aber galt von da an als „mördergruob".

Im Frühjahr 1525 stand die ganze Baar im Aufruhr. „Die Bauern liefen zusammen, als ob es schneite" heißt es in der Villinger Hugschen Chronik. Unter Hans Müller nahmen die Bauern befestigte Orte wie Hüfingen ein, zerstörten Burgen wie Zindelstein, Wartenberg, Alt- und Neufürstenberg, und am Ende – ein unerhörtes Ereignis – wurde sogar das befestigte Freiburg eingenommen. Damit war der Raum zwischen Bodensee, Oberrhein und Baar weitgehend in der Gewalt der aufrührerischen Bauern, nur das bauernfeindliche Villingen, die „mördergruob", konnte nicht genommen werden.

Will man von einem Krieg oder Bürgerkrieg sprechen, so standen die Bauern im Frühsommer vor einem scheinbar gewonnenen Krieg, und der Südwesten schien ein anderes Gesicht zu bekommen, eine Bauernrepublik war denkbar nach schweizer Vorbild. Doch schon im Triumph deutete sich der Umschwung an: die Sieger drängte es zur Ernte nach Hause, während das Söldnerheer des Adels nach einigem Zögern sich in Marsch setzte, angeführt von einem „Gespenst", das sehr real war und einen Namen hatte: Jörg Truchseß von Waldburg. Dieser kaltblütige, gnadenlose Söldnerführer hatte mit Hilfe des Bankhauses Welser eine Söldnerarmee auf die Beine gestellt, die dem in Auflösung begriffenen Bauernheer an Zahl und Ausrüstung weit überlegen war. Nachdem seine Armee in Schwaben sämtliche Aufstände niedergeschlagen hatte, wandte sie sich nach Westen Richtung See und Hegau, und das war der Anfang vom Ende.

Im Hochsommer 1525 brach die Erhebung überall zusammen. Es folgte das Strafgericht. Dörfer wurden in Brand gesetzt, Bauernhaufen niedergemetzelt, die Anführer gefoltert und hingerichtet, darunter Hans Müller von Bulgenbach, an den uns heute ein Gedenkstein in seinem Geburtsort Bulgenbach erinnert.

Beispielhaft für die Willkür der Sieger ist eine Episode, die sich in Kirchdorf (heute Ortsteil von Brigachtal) zutrug und über die in der Hug'schen Chronik berichtet wird. Danach kamen zwei angeblich aufständische Bauern zur Kirchweih nach Kirchdorf, das fürstenbergisch war und wo sie sich einigermaßen sicher fühlen durften. Doch Villingen, das davon hörte, schickte Reiter und Fußknechte, entführte die beiden nach Villingen, wo man ihnen unter Folter Geständnisse erpresste und sie anschließend hinrichtete.

In den achtziger und neunziger Jahren führte eine Gruppe von Brigachtäler Amateuren unter der Regie von Beat Dorsch ein Stück über diese Kirchdorfer Begebenheit auf, zu dem der Autor dieser Zeilen, der selbst in Kirchdorf wohnt, das Textbuch schrieb. Ein beeindruckter Zuschauer organisierte später einen Gedenkmarsch, der über die Baar hinweg nach Stühlingen führte, von wo der Aufstand im Südwesten seinen Anfang genommen hatte.

Der englische Besucher

Mr. Hancock war eher klein, trug dunkle Gläser und einen abgetragenen Regenmantel. Alter zwischen vierzig und sechzig. Man hatte mich gefragt, ob ich ihm ein bisschen die Baar zeigen wolle, in die er sich aus irgendwelchen Gründen verirrt hatte. Wir mochten uns auf Anhieb nicht. Er nahm mir übel, dass ich ihn nicht pünktlich im Hotel abgeholt hatte, mich dagegen störte seine kühle, abweisende Art.

Es war ein sonniger Julimorgen, als wir losfuhren. Ich erklärte ihm, was für ein Glück wir mit dem Wetter hätten, bis gestern habe es geregnet. Ich fuhr langsam, damit dem Besucher auch nichts entginge von der kargen Schönheit der Landschaft. Mr. Hancock kramte in seiner Manteltasche, offensichtlich suchte er nach seinem Notizbuch. Ich zeigte auf einen auffliegenden Graureiher im Donauried. Mr. Hancock nickte und suchte weiter nach seinem Notizbuch.

Den ersten Stopp machten wir in Pfohren. Die Störche auf dem Kirchturm, die junge Donau, die Entenburg. Mr. Hancock stellte seinen Mantelkragen hoch. Was zum Teufel mit dem Wind los sei, wollte er wissen. Ich erklärte Mr. Hancock, dass der kühle, bewegte Wind zur Landschaft gehöre, ja dass er ein Markenzeichen dieser Landschaft sei und dass es eigentlich sieben Winde seien und dass sie gern ihre Richtung änderten. Mr. Hancock warf mir einen prüfenden Blick zu, als traute er meiner Erklärung nicht. Dann sahen wir uns die Entenburg von außen an, und ich erklärte Mr. Hancock, dass es sich um eines der ältesten Gebäude der Baar handele und dass es einmal das Jagdhaus der Herren von Fürstenberg gewesen sei und dass sogar der Kaiser vor langer Zeit hier geweilt habe. Mr. Hancock horchte auf. „Der Kaiser? Hier?" Er schrieb etwas in sein Notizbuch. Dann wollte er wissen, was der Kaiser hier gejagt habe. „Enten." Enten? Mr. Hancocks Augen, die nach Enten suchten.

In Neudingen suchte ich mit Mr. Hancock den alten Maria-Hof-Park auf, den sie in Neudingen 'd alaag nennen, wo sich einst – vielleicht – ein karolingischer Königshof befunden hatte und später ein Kloster und jetzt dieser Park mit ein paar alten Grabdenkmälern und der fürstenbergischen Gruftkirche. Ich führte ihn zu dem mit einer steinernen Rosengirlande geschmückten Grab der englischen Hofdame A. M. Charlton, weil ich glaubte, ihm damit einen Gefallen zu tun. Er schaute nicht mal hin. Ich zeigte ihm das blumengeschmückte Grab der Sophie Antoinette, Gräfin von Berckheim, geb. Prinzessin zu Fürstenberg, die es vorgezogen hatte, nicht in der Gruftkirche, sondern unter freiem Himmel der Auferstehung zu harren. Mr. Hancock eilte zum Ausgang.

Wir fuhren zum Fürstenberg hoch. Dass dort oben einmal eine Ortschaft gewesen war, die durch einen Brand zerstört wurde, schien ihn zu interessieren. Er bestand darauf, dass wir das Gelände nach Spuren absuchten, und er war enttäuscht, dass wir nichts fanden, keine Bausteine, keine Scherben, keine Knochenreste, nichts. Bei der Abfahrt fiel sein Blick auf das Schächerkreuz unterhalb vom Fürstenberg, von wo die vom Landrichter zum Galgentod Verurteilten einen letzten Blick auf die Baarebene werfen durften, und auch Mr. Hancock warf einen Blick auf die Baarebene, schüttelte den Kopf, und wir fuhren weiter.

Als wir durch Behla fuhren, wollte er, dass ich vor dem Landgasthof anhielt. Er hatte Lust auf einen Drink, und pinkeln musste er auch. Der Gastraum war leer. Während er das WC aufsuchte, bestellte ich zwei Pils. Als Mr. Hancock aus dem WC zurückkehrte, hatte sich sein Gesicht ein

64

wenig aufgehellt. „Nun schauen Sie mal, was ich auf dem Klo gefunden habe." Er zeigte mir eine zerfledderte Sportzeitung mit dem Titelbild der Mannschaft des FC Liverpool.

„Ich bin Liverpoolfan, seit ich denken kann", rief er, „und jetzt das: ein Bild von den Tigers in einem deutschen Klo." Er betrachtete eine Weile das Bild, dann riss er die Seite mit dem Bild aus dem Heft, steckte sie in die Manteltasche. Er lachte. Er war guter Stimmung. Er hob das Glas, rief: „Cheers, und für meine Freunde bin ich Georgie."

Was für eine hübsche Idee, sich Georgie rufen zu lassen, doch da ich nicht sein Freund war und auch nicht sein wollte, blieb ich bei Mr. Hancock. Der Name gefiel mir. Hancock, hatte das nicht was mit einem Hahn zu tun? Vielleicht erinnerte mich Mr. Hancock tatsächlich ein bisschen an einen Hahn, dem ab und zu der Kamm schwillt.

Mr. Hancock zückte sein Notizbuch, wollte, dass ich ihm noch etwas Spektakuläres über die Geschichte der Baar erzählte, doch es gab nichts Spektakuläres über die Baar zu erzählen. „Die Baar ist ein karges, kühles Land", erklärte ich ihm, „Früchte und Wein gedeihen nicht, und die Schwanenblume und den blauen Sumpfstern gibt es auch nicht mehr, und der Himmel ein Warteraum für die Flugzeuge nach Zürich." „Aber es gibt Orchideen und rote Milane, und die Baar lockt den Blitz an und atmet noch immer den Geist der Steppe." Wind und Wolken, das ist die Baar, sagt der Dichter.

Da nahm Mr. Hancock einen langen Schluck, dachte eine Weile nach, wollte wissen, ob der Fürst zu Fürstenberg wirklich vor Gericht gestanden habe. „Was zum Teufel hat ein hochadeliger Mensch vor einem Gericht zu suchen?" „Bei manchen Menschen ist das unausweichlich", sagte ich. Nein, in Great Britain wäre das ganz und gar unmöglich. Es klang, als fände auch er es nicht gut. Ob man ihn wirklich den Koksprinzen genannt habe? Im britischen Adel gebe es da noch ganz andere Sachen, aber keine Zeitung würde es wagen, sich darüber auszulassen. Er nahm einen Schluck, steckte sich eine Zigarette an. „Ganz andere Sachen", wiederholte er.

Er bestellte ein zweites und drittes Pils und fragte, ob ich ihm noch etwas zeigen wolle. Er würde zum Beispiel gern das Zeppelinmuseum sehen, und ich erklärte ihm, dass das Zeppelinmuseum sich nicht hier, sondern am Bodensee befände. Ich könnte ihm aber die älteste Wehrkirche auf der Baar zeigen oder, wenn ihm das lieber wäre, den größten keltischen Grabhügel. Er starrte mich an, als hätte ich ihm ein unanständiges Angebot gemacht, und schwieg, dann drückte er seine Zigarette aus, und wir zahlten und fuhren los.

Als wir uns seinem Hotel näherten, sagte er, er würde gern noch einen Kaffee trinken, und ich parkte vor dem Cafe Hengstler. Sie hatten dort ein FWM Public Viewing Zelt aufgebaut mit einem Fürstenbergbierwagen. Man hörte Plastiktröten und die Stimmen der Fußballreporter, die nicht ganz bei Trost sind. Ich fragte Mr. Hancock, ob es ihm nicht zu laut sei, aber er schüttelte den Kopf und entgegnete, er liebe Lärm. Wir tranken eine Tasse Capuccino, einen Likör und eine Flasche Wasser, schauten nach den Leuten vor dem Zelt, nach den Autos, die mit Fünfzigcentfähnchen vorbeirauschten.

Dann wollte Mr. Hancock doch noch etwas von der Fürstenbergstadt sehen, und wir beschlossen eine Runde zu drehen. Max Egon-Straße, benannt nach Max Egon II, Fürst zu Fürstenberg, Brigachbrücke, Irmastraße, benannt nach Irma, Fürstin zu Fürstenberg, das ehemalige Solbad (heute Kinderspielplatz), der Geologische Garten gegenüber dem Bahnhof mit Monolithen, Basalt- und Gneissteinen, einer geologischen Karte und einer Informationstafel („Die Umgebung von Donaueschingen zählt geologisch zu den vielfältigsten Regionen Deutschlands"). Zu meiner Überraschung schrieb sich Mr. Hancock ein paar Informationen in sein Notizbuch, und wir zogen weiter die Josefstraße hinauf, benannt nach Fürst Joseph Wilhelm Ernst zu Fürstenberg. „Mein Gott", staunte Mr. Hancock, „ist denn hier jede Straße nach einem Fürsten benannt?" Er wusste nicht, ob er es bewundern oder verabscheuen sollte. Das Szenario neben der Fürstlich-Fürstenbergischen Kammer, wo der Kellner wie immer um fünf das Eingangsgitter hochzog, interessierte ihn, und wir warfen einen Blick in den schönen Spiegelsaal, wo man tanzen kann, tranken einen Campari halb im Stehen, überquerten die Schützenbrücke, die über die Brigach führt, warfen einen Blick auf den Dianabrunnen, ein Geschenk Wilhelms des Zweiten, zogen die die Haldenstraße hinauf zur altehrwürdigen Hofbibliothek, zur Brauerei.

Dann hatte es Mr. Hancock plötzlich eilig, und ich fuhr ihn vors Hotel, wo er mir die Hand gab, ohne mich anzusehen. „Most interesting", murmelte er, und weg war er.

Die Quelle und mehr

Donaueschingen, dessen Werbespruch „Die Quelle und mehr" lautet, hat in der Tat einiges zu bieten: ein fürstliches Schloss und einen einladenden Schlosspark, eine Fürstenbergische Brauerei, die nicht mehr fürstenbergisch ist, und fürstliche Sammlungen, aus der die ganz große Kunst verschwunden ist, das Fürstlich Fürstenbergische Archiv von 1756 in der Haldenstraße (das älteste deutsche, freistehend gebaute Archiv mit der ältesten Besitzurkunde aus dem 9. Jahrhundert), gut erhaltene Jugendstilhäuser mit pittoresken Erkern und Blumenornamenten, ein Museum Biedermann für zeitgenössische Kunst und das angeblich älteste Lessingdenkmal in Deutschland, den berühmten Maler und Materialmixer Anselm Kiefer, der sich in seiner Geburtsstadt nicht blicken lässt, die jährlichen Donaueschinger Musiktage am dritten Oktoberwochenende, eine deutsch-französische Brigade, von der man nicht weiß, wozu sie gut ist, ein internationales Reitturnier, eine neu hergerichtete Donauhalle, das Szenario mit seinem feinen Spiegelsaal, einen Musikantenbrunnen, einen Kaiserbrunnen, einen Hanselbrunnen und einen Dianabrunnen, für den der Kaiser Wilhelm II eigenhändig den Entwurf zeichnete, das

Schellsche Haus mit einem markanten Stufengiebel, das stattliche Verschuersche Haus von 1770, das Gaißersche Staffelgiebelhaus (das vielleicht älteste Gebäude der Stadt), eine Villa Dolly, eine böhmischbarocke Kirche und zwei weitere Kirchen, Albert Laubers Sternwarte, einen kleinen geologischen Garten gegenüber dem Bahnhof, dazu Krämer-, Vieh- und Schweinemärkte, rund neunhundert Gewerbebetriebe, Betriebe der Feinmechanik, Elektronik und Schuhindustrie, einen Flugplatz und eine Flugschule, eine allseits beliebte Fasnet, Gesangvereine, die aufsehenerregende Aktion „Nette Toilette" (immer mal was Neues), einen schuldenlosen städtischen Haushalt und natürlich die berühmte Donauquelle, die gar keine ist.

Ein paar Hundert Meter außerhalb der Stadt vereinigen sich Brigach und Breg zur jungen Donau, die in Mäandern die offene Wiesenlandschaft der Riedbaar durchquert, um dann ihren langen, langen Weg von zweitausendsiebenhundertundachtzig Kilometern durch die Schwäbische Alb, das Alpenvorland, die Wachau, die Ungarische Tiefebene, die Walachei bis zum Schwarzen Meer zurückzulegen. Vor Jahren machte sich ein selbstbewusster Slowene an einem Junimorgen in Donaueschingen auf den gleichen Weg, schwamm für „Frieden, Freundschaft und reine Gewässer" fünfzig Kilometer täglich, und als er in der rumänischen Hafenstadt Agigea lebend ankam, empfingen ihn zwei Außenminister, eine Horde Presseleute und eine als Flussgöttin Danubia hergerichtete Schöne, die ihn auch gleich ins Schlepptau nahm.

Die enge Verbindung von Baar und Donau wurde im neunzehnten Jahrhundert immer wieder künstlerisch dargestellt, so von dem Hüfinger Franz Xaver Reich, dessen Skulpturengruppe „Die junge Donau als Kind im Schoß der Mutter Baar" am Zusammenfluss von Brigach und Breg zu sehen ist wie auch die sogenannte Danubiagruppe auf der Pfaueninsel im Schlosspark, in der drei Frauengestalten Mutter Donau und die beiden Zwillingsschwestern Brigach und Breg darstellen, oder von Adolf Heers Marmorgruppe „Die Baar deutet ihrer jungen Tochter, der Donau, den Weg in die Ferne". Die enge Beziehung der Stadt und der Landschaft mit dem Fluss zeigt sich auch am Platz des Quelltopfs. Spruchtafeln an der Mauer weisen auf die gemeinsame Beziehung der

Donauländer zur Donau hin: „In Donauwellen sah ich Heutiges / Einstiges, Künftiges, Vergehen / Hinwogend war es miteinander da." „An der Quelle des grandiosen Flusses / Der Bulgarien mit dem Herzen Europas verkündet." Und auf einem Gedenkstein verkündet ein Japaner namens Mokich Saito: „Die Donau, der große Fluss / Unterwegs auf der Suche nach ihrer fernen Quelle …"

Die patriotische Geschichtsschreibung des neunzehnten Jahrhunderts verklärte gern Schlosspark und Donaupromenade und ließ auch schon mal Kaiser Wilhelm II., der so gern in Donaueschingen weilte, mit seinem Freund, dem Fürsten Max Egon II., unter hohen Bäumen im Mondschein wandeln, wo sie sich in langen Gesprächen über das Wohl des Vaterlandes ausließen oder vielleicht auch nur über die Reinheit des Fürstenberger Biers, das der Kaiser so sehr schätzte, dass er es als Tafelgetränk für seinen Hof orderte. Der Kaiser benutzte seinen Aufenthalt in Donaueschingen auch zu Einweihungen und Besichtigungen, am liebsten aber kam er zur Jagd. Im Mai war es die Auerhahnjagd, im November die Reh- und Fuchsjagd. Vierzehn Mal soll er Fürstenhaus und Stadt mit seinem Besuch beehrt haben, sein Porträt hängt in der großen Empfangshalle des Schlosses.

Das Fürstenhaus war ohnehin Ziel vieler hochrangiger Besucher und Schauplatz von allen möglichen, auch seltsamen Festlichkeiten. Eine Episode schildert der damalige Hofmarschall von Zedlitz, die sich im November 1908 im Schloss abspielte.

„Plötzlich erschien Graf Hülsen-Häseler als Ballettänzerin kostümiert, was er auch sonst gelegentlich getan, und begann zu tanzen. Alles war aufs höchste amüsiert, und es hatte ja auch etwas Eigenartiges, den Chef des Militärkabinetts, als Dame kostümiert, ein Ballett aufführen zu sehen. Als der Graf eben einen Tanz beendet hatte, begab er sich auf die anstoßende Galerie, um Luft zu schöpfen. Ich stand vier Schritte vom Eingang und hörte dort plötzlich einen schweren Fall. Ich eilte hin und sah den Grafen lang ausgestreckt, mit dem Kopf in der Fensternische, auf der Erde liegend."

Der Chef des Militärkabinetts war einem Herzschlag erlegen.

Besucher mit großem Namen weilten in der Stadt, Adelige, Hofschranzen, Künstler. Dichter wie Hebel, Scheffel, Gottfried Keller waren hier. Goethe, der eigentlich überall war, war nicht hier, vielleicht war er aber doch hier, und man hatte es nur nicht gemerkt. Der größte Künstler, der hier war, war Mozart, der, als er hier auftrat, noch ein Kind war, und der alle zu Tränen rührte, mit seinem Kompositionsvertragsangebot jedoch keinen Erfolg hatte. Auch die Musiker Konradin Kreutzer und Franz Liszt waren hier, und die Klassiker der Moderne sowieso. Strawinsky, Schönberg, Hindemith, Webern, Bartok, Nono, Boulez, keiner versäumte es, sich an der „größten Klangbaustelle" der Gegenwartsmusik, wie eine Zeitung die seit 1921 stattfindenden „Donaueschinger Musiktage" beschrieb, einzufinden. Hier, so die Zeitung, werde Geschichte geschrieben, Musikgeschichte. Donaueschingen das „Mekka" für Kenner und Liebhaber der Neuen Musik, in der Grenzen so weit überschritten werden, bis am Ende von Musik vielleicht nichts mehr übrig ist.

Die Musik, noch eine Quelle, Quelle der Inspiration.

Die Fürstenberger

Ahnherren des Hauses Fürstenberg waren die Grafen von Urach, Egino IV. wurde durch seine Ehe mit Agnes von Zähringen Erbe des ausgedehnten Besitzes. Einer der Enkel nannte sich nach dem „fürdersten" Berg Fürstenberg und Landgraf der Baar, noch bevor ihn der Kaiser mit der Landgrafschaft Baar belehnte. Das geschah in der zweiten Hälfte des dreizehnten Jahrhunderts. Der landgräfliche Besitz wurde arrondiert und ständig erweitert durch Kauf und Heirat im Schwarzwald und im Bodenseeraum, später auch in Böhmen und Österreich. Sammeln und Mehren hieß das Motto der Fürstenberger.

Mit dem Kauf von Donaueschingen, einem kleinen, unbedeutenden Ort nahe der Donau, im Jahr 1488 beginnt die enge, scheinbar unauflösliche Verbindung zwischen der Gemeinde und dem Haus Fürstenberg, die noch enger wurde, als der Ort fürstenbergische Residenzstadt wurde. In der Heiratspolitik tat man es den Habsburgern gleich, wenn auch nicht immer so erfolgreich. Besonders erfolgreich war ein Graf Friedrich, der im 16. Jahrhundert unter anderem Heiligenberg und Blumberg erwarb. Das 16. Jahrhundert war für die Fürstenberger ein gutes Jahrhundert, in dem unter anderem eine so wichtige Stadt wie Hüfingen erworben wurde, die bis dahin im Besitz der Schellenberger gewesen war. Auch bekleideten die Grafen von Fürstenberg hohe Ämter in Reichsverwaltung und Militär und wurden zum Lohn für ihre Tätigkeit in den erblichen Reichsfürstenstand erhoben.

Fürst Joseph Wilhelm Ernst ragt aus der Fürstengalerie heraus als Reformer und Bauherr. Beeinflusst durch aufklärerische Gedanken, versuchte er sich in seiner vierzigjährigen Regierungszeit an einer Neugestaltung des Staates. Ordnung und Wohlstand hieß die Losung. Zuerst machte er Donaueschingen zur Residenzstadt, ließ einen angemessenen Schlossbau bauen, danach die Hofkirche, die Hofkammer, das Archiv (einer der ersten Archivbauten in Deutschland) sowie Beamtenwohnungen und den Marstall. Dann ließ er Manufakturen errichten, um Arbeitsplätze zu schaffen, sorgte dafür, dass die Bauern ihre Frondienste durch Geld ablösen konnten (das sie meist nicht hatten), führte die allgemeine Schulpflicht ein („Kein nützlicher Erb als die gute Auferziehung können die Eltern ihren Kindern hinterlassen"), und selbst um die Kirchenuhren soll er sich gekümmert haben.

Auf seinen Nachfolger Joseph Wenzel gehen so repräsentative Einrichtungen wie der Schlosspark und das Hoftheater zurück, und einen aufwändigen, neo-barocken Umbau des Schlosses ließ Karl Egon IV. Ende des 19. Jahrhunderts vornehmen.

Gut vierzig Jahre später im Jahr 1806 wurde das Fürstentum mediatisiert, verlor seine Eigenstaatlichkeit, die Baar wurde dem Großherzogtum Baden zugeschlagen. Damit änderte sich auch die Beziehung der Stadt Donaueschingen zum Fürstenhaus, die jetzt badisch war, das Stadtrecht erhielt und sich daran machte, einen eigenen Weg zu gehen. „Seit der Jahrhundertmitte", schreibt Volkhard Huth in seiner Stadtchronik, „ordnete die Gemeinde Donaueschingen ihre inneren Belange unabhängig vom Fürstenhaus, das natürlich weiterhin ein wichtiger Faktor im wirtschaftlichen, sozialen und kulturellen Leben der Stadt blieb."

Nun, da es nichts mehr zu regieren gab, wandte man sich der Pflege der schönen Künste und Wissenschaften zu, pflegte das Musikleben in der Residenz, indem man Conradin Kreutzer („Das Nachtlager von Granada") und Johann Wenzel Kalliwoda zu Hofkapellmeistern machte und Franz Liszt zu Konzerten einlud. Vor allem häufte man Kunstschätze und bibliophile Kostbarkeiten an, kaufte und kaufte, so wie man einst Orte gekauft hatte, sammelte spätgotische Tafelbilder und Gobelins, Napoleons Reiseurinal und Liszts Brille, ausgestopfte Tiere und Jahrmillionen alte Muscheln und Korallen. Man sammelte, weil man schon immer gesammelt hatte, weil man Begabung für das Sammeln hatte und weil das Sammeln zu den Lieblingsbeschäftigungen der Fürsten in Europa gehörte, falls sie sich's leisten konnten.

Allein die Fürstlich-Fürstenbergischee Hofbibliothek soll einmal 500 Wiegendrucke und 5000 Musikhandschriften umfasst haben – bevor dann alles verscherbelt wurde. Denn irgendwann vollzog sich das, was der Donaueschinger Beobachter Lorenz Honold die Umwandlung des Fürstenhauses in ein „privatkapitalistisches Großunternehmen" nannte. Die Edlen von Fürstenberg wurden kühl kalkulierende Unternehmer. Auch jetzt wurde gesammelt und vermehrt, doch diesmal waren es Brauereien, Autohäuser, Firmenanteile, Liegenschaften, Wälder.

Ein besonders erfolgreicher Vermehrer war Fürst Joachim Egon, der 1973 Chef des Hauses Fürstenberg wurde und zu dessen Besitz Brauereien in Schwenningen, BMW-Autohäuser, eine Papierfabrik in Titisee-Neustadt, ein Basaltwerk, umfangreiche Bank-, Versicherungs- und Firmenbeteiligungen und Waldbesitz in Nordamerika gehörten. In die Schlagzeilen geriet er, als er zu Beginn der achtziger Jahre illuminierte Handschriften zu verkaufen begann und damit die Reihe der großen, aufsehenerregenden Verkaufsaktionen startete, die dem fürstlichen Haus fürstliche Gewinne einbrachten.

Eintausenddreihundert Handschriften wurden an das Land-Württemberg für angeblich 48 Millionen Mark verkauft, obwohl kein Geld in der Staatskasse war. Auf einer Auktion in London wurden weitere Handschriften versteigert, von denen vierundneunzig aus der Villinger Franziskanerbibliothek stammten, fünf davon durften angeblich nach Villingen zurückkehren, darunter der berühmt-berüchtigte „Hexenhammer".

1999 waren von 130 000 Büchern der F.F. Hofbibliothek noch 30 000 Bücher übriggeblieben, darunter das Buch der Bücher: das Nibelungenlied, Handschrift C. Baden-Württemberg soll es für 20 Millionen Mark gekauft haben. Viel Geld gab auch der kulturbeflissene Schraubenkönig aus Künzelsau für den Kauf alter Meister aus. Genug Kapital für das Fürstenhaus, um eigene marode Unternehmen zu sanieren, in fremde Unternehmen zu investieren und einen aufwändigen Lebensstil zu erhalten. „Eine Adelsfamilie, die sich von ihrer Geschichte verabschiedet", beurteilte ein Zeitungskommentator das fürstliche Geschäftsgebaren.

Gegenwärtiger Chef des Hauses ist Fürst Heinrich, Unternehmer, Pragmatiker, Lebemensch, Erbprinz Christian heißt der vermutliche Nachfolger im Wartestand. Noch ein Bruch mit der Vergangenheit: die Frau, die er heiratete, ist bürgerlich.

Albicker
Dichter und Bauer

Josef Albicker, in Sumpfohren Ende des vorletzten Jahrhunderts zur Welt gekommen, besang die Erde, die Arbeit, die Ernte, und als der erste Weltkrieg ausbrach, zog er mit achtzehn in den Krieg, nicht bevor ihm sein Mädchen Hilde Duffner aus Allmendshofen das Versprechen gegeben hatte, auf ihn zu warten und seine Frau zu werden, sollte er als Offizier aus dem Krieg zurückkehren. Also wurde Albicker Unteroffizier, kehrte, wenn auch schwerverwundet, von der Westfront zurück und musste erfahren, dass sein Mädchen einen anderen genommen hatte. Und Josef Albicker, der entschlossen war, nicht schwermütig zu werden, vergaß sein Mädchen und den Krieg und heiratete die Bauerntochter Amalie Engesser aus Hausen vor Wald und wurde Bauer wie sein Vater.

Josef Albicker war ein Bauer fast wie jeder andere, nur dass er das andere Leben nicht aus den Augen verlor, das mit Poesie zu tun hatte, und so nannte er sich folgerichtig Dichter und Bauer („Ich bin der Baaremer Dichter"). Er selbst sah sich so wie die Baar, herb und rauh und rissig. Man schätzte seine rhetorischen Fähigkeiten, und weil er etwas weiter dachte als andere, wählte man ihn zum Bauernführer, und als Bauernführer zog er über die Baar, ehrte Kriegspferde, warb für die Schweinemast, und später zog er die braune Parteiuniform an und half Bauernhöfe entschulden und ließ den Führer hochleben.

Auf dem ersten Baaremer Bauerntag im Sommer 1934 wurde sein Baaremer Bauernlied angeblich von zehn Musikkapellen begleitet, und auf dem großen Bauerntag in Goslar wurde er als alemannischer Bauernführer gefeiert, und in Berlin durfte er im Radio über „Die Seele des deutschen Bauern" sprechen. 1937 unternahm er auf Geheiß des Badischen Landesbauernführers eine Reise durch Österreich, Ungarn, Rumänien und Jugoslawien, „um die Verhältnisse unserer Blutsbrüder" zu studieren und, wo nötig, mit Rat und Tat zur Seite zu stehen. Eine große Zeit, auch sie hat er wohl besungen, erhalten ist so gut wie nichts davon. Vielleicht hielt er die Zeit für gar nicht mehr so groß.

Irgendwann, da hatte der Krieg begonnen, war er nicht mehr so gefragt, die Partei hatte andere Sorgen, und vielleicht hatte auch *er* andere Sorgen. Es wurde stiller um ihn. Er machte seine Arbeit, warb weiterhin für die Schweinezucht und für die Bekämpfung der Obstbaumschädlinge, besang die bäuerliche Arbeit, die Landschaft, die Jahreszeiten. Dann war der Krieg zu Ende, und die Franzosen kamen und holten ihn zu Verhören nach Freiburg in die Surete in der Beethovenstraße, und als er zurückkam, begann er noch mehr zu trinken und mit den Hühnern zu reden. Irgendwann wandte er sich wieder seiner Dichtkunst zu, dann sah man ihn, wie sich einer, der ihn gut kannte, erinnert, „mit einem Eimer Moscht" im Dichterzimmer verschwinden und seine Verse schreiben. Unter anderem Namen versuchte er diese in den Provinzblättern zu veröffentlichen, sogar ein Gedichtband „Mein goldener Ährenkranz" erschien unter seinem richtigen Namen, in dem Verse sich finden wie diese: „Die Trübsal summt ihr altes Lied / Eine Hand ist welk, der Bauer müd / Wo sind des Sommers Garben …". Auch ein paar Geschichten und Theaterstücke soll er geschrieben haben; von einer Veröffentlichung derselben ist nichts bekannt.

Man machte einen Bogen um ihn, den ehemaligen Kreisbauernführer, weil man fürchtete, selbst als Nazi denunziert zu werden, und weil man doch jetzt in einer anderen Zeit lebte, ohne Bauernführer und ohne Führer und ohne Erntegesänge. Auch die Beziehung zu seiner Frau wurde schlecht, weil er zu viel trank, und Rudolf Steiner sollte Briefe an sie schreiben, als er sich wieder mit ihr versöhnen wollte.

Aber dann hat er doch noch etwas hinterlassen, was der Rede wert ist, die „Baaremer Bauernköpfe", erster Band (zu einem zweiten hat es nicht mehr gereicht wie auch nicht zu einem geplanten Band über Baaremer Bäuerinnen). Dieses Buch ist zweifellos eine Art kulturgeschichtlich-bio-graphisches Dokument, das das Leben auf der Baar in der ersten Hälfte des 20. Jahrhunderts anhand von Beschreibungen von 36 Menschen wiedergibt. Die meisten hat Albicker gekannt, es sind Charakterköpfe, alle ein bisschen wie er, knorrig, hart, stur und starrköpfig, Baaremer Dick-schädel und Baaremer Stoiker. Fast jeder ein Original und einer Spezies zugehörig, die möglicherweise im Aussterben begriffen ist. Da ist der Krummholzer Kaltenbach von Achdorf, der die Gendarmen einsperrt, als sie ihn einsperren wollen, und dafür in der Heil- und Pflegeanstalt Reichenau drei Tage lang den deutschen Gruß aufsagen muss; der Nagler von Riedböhringen, dem innerhalb von zwei Jahren zweimal das Haus abbrennt und der es (er ist inzwischen achtzig) jedes Mal ohne Murren wieder aufbaut; der Waldhüter, Waldarbeiter und Holzfäller aus Hausen vor Wald, der jeden Baum in seinem Wald kennt und dem es so schwer-fällt, die Bäume, seine Bäume, zu fällen; der Knecht Wittmer, der ein Leben lang Knecht bleibt und jedes Mal, wenn ihm sein Herr einmal die Meinung sagt, ohne zu fackeln, seinen Koffer packt, weil er doch sein eigener Herr ist.

Wenig ist aus dem Nachlass Albickers erhalten, denn sein Hof brannte wenige Tage nach seinem Tod ab. Das war im Frühjahr 1968. Begraben wurde er in Hausen vor Wald. Rudolf Steiner, der bei seiner Beerdigung zugegen war, meinte zum Leben von Josef Albicker, dass dieser nicht nur *ein* Leben gelebt habe, und, wer weiß, vielleicht leben wir alle mehr als *ein* Leben.

Achdorf
—
Scheffellinde. Scheffel

Es gibt Orte, zu denen es einen immer wieder zieht. Achdorf gehört zu ihnen. Liegt es daran, dass es so versteckt ist und man glaubt, es jedes Mal neu zu entdecken? Oder daran, dass es Ausgangspunkt ist für die Wanderungen durch Wutachtal und Wutachflühen? Oder liegt es an der fast schon legendären „Scheffellinde"? Oder an gewissen Erinnerungen, die uns bleiben?

Das kleine Dorf, an der Wutach gelegen, 775 zum ersten Mal urkundlich erwähnt („Ahadorf", Dorf am Wasser), überlebte in seiner langen Geschichte diverse Herren und Herrschaften, Überschwemmungen und Erdbrüche. Achdorf hat um die hundertsiebzig Einwohner, einen Kirchturm mit roter, barocker Haube und umschließendem Gottesacker, ein Pfarrhaus aus dem 16. Jahrhundert, einen Kirchenchor und eine Freiwillige Feuerwehr und hat wie das ganze Tal eine bewegte erdgeschichtliche Vergangenheit. Es ist noch keine fünfzig Jahre her, als am Eichberg die Erde zu rutschen begann, der größte Erdrutsch, den die Gemeinde erlebte und der fast so viel Zerstörung anrichtete wie das Hochwasser von 1792, das die Achdorfer Mühle zerstörte und den Großteil der Ortschaft verwüstete. Heute ist das Achdorfer Tal mit den angrenzenden Wutachflühen und der nahen Wutachschlucht fast durchgehend Landschaftsschutzgebiet mit idealen Bedingungen für Wanderer, Hobbygeologen und Fliegenfänger.

Mit dem Namen Achdorf verbindet sich der Name der uralten, traditionsreichen „Scheffellinde", einem Gasthof mit Pension, der, immer weiter vererbt, in Familienbesitz blieb. Der Gasthof wird erstmals 1543 erwähnt als namenlose Taverne mit dem Recht, Fremde zu beherbergen und Hochzeits-, Tauf- und Tanzveranstaltungen durchzuführen. Zum Gasthof gehörten später eine Mühle, ein Sägewerk, eine Drechslerei, dann kam noch eine Brauerei dazu, die das „Lindenbier" braute, und bis in die neunziger Jahre des letzten Jahrhunderts war hier die Poststelle untergebracht.

Zum Ende des Dreißigjährigen Kriegs hatte man im Garten die Friedenslinde gepflanzt, auf dass ab nun für immer Frieden sei auf Erden, zumindest im abgelegenen Achdorfer Tal. Frieden war nicht, auch nicht im abgelegenen Wutachtal, als zum letzten Mal kriegerische Auseinandersetzungen das Tal erreichten wie im April '45, als Reste von deutschen Truppenverbänden durch das Achdorfer Tal irrten, von Jaboangriffen unter Feuer genommen wurden und die Gefallenen im Wagen- und Geräteschopf der „Scheffellinde" aufgebahrt waren, nachzulesen in Hermann Riedels Dokumentation „Halt! Schweizer Grenze!" Doch ungeachtet aller Kriege gedieh und blühte die Friedenslinde durch die Jahrhunderte, und es waren nicht Kriege, auch nicht die Gräuel des letzten, die ihr das Ende bereiteten, sondern Straßenbauarbeiten. Schnell wurde eine neue Linde gepflanzt und noch eine, weil Linden nun einmal zum Haus gehören und zu seiner Geschichte.

Ein halbes Jahrhundert zuvor war der „Scheffellinde" noch Schlimmeres passiert: Das Gasthaus brannte bis auf die Grundmauern nieder, doch baute man das Haus wieder so stilgerecht wie nur möglich auf. Das gilt auch für das Schmuckstück im Innern des Hauses, die „Scheffelstube", die so sorgsam restauriert wurde, dass man von der Atmosphäre, die von diesem Gastzimmer mit seinen lindgrünen, holzgetäferten Wänden, seinem Kachelofen und seinen Bildern ausgeht, nicht unberührt bleibt. Und immer präsent der, nach dem die Stube benannt ist: am Tisch sitzend zusammen mit dem Trinkkumpan und drei jungen Frauen in Tracht oder als Porträt mit Kinnbart, Brille und aufmerksamem Blick. Und überall an den Wänden die Verslein, die ihn einst so populär machten, „Keinen Tropfen im Becher mehr", „Hast du keinen Heller mehr", „Mein Herz warum so traurig" u. a. m. Dazu der Schrank mit alten Scheffelausgaben und Scheffelbildern, die die Inhaberfamilien Wiggert und Hille im Lauf der Jahre zusammengetragen haben.

Nach dem Tod des Dichters, der sich so gern hier aufhielt, benannte man den Gasthof „Scheffellinde". Der damals einunddreißigjährige Viktor von Scheffel war zwischen 1857 und 1859 Hofbibliothekar beim Fürsten in Donaueschingen, wo er Bücher und Handschriften katalogisierte. Scheffel, ein unruhiger, etwas schwermütiger Geist, den es nicht lange an einem Platz hielt, zog es zu jeder freien Stunde hinaus in die Landschaft, auf die Baar, in den nahen Schwarzwald, in den Hegau oder ins Wutachtal, oder er ließ sich mit der Kutsche nach Achdorf fahren, seinem „Ausruhnest". Besonders hier scheint er sich vom „Dunstkreis der Kleinstadt", der „Krähwinkelei", „den alten Scharteken", dem „Moder und Staub" („Steter Verkehr mit Büchern macht die Seele schlaff") hinreichend entfernt zu haben, um sich zu entspannen und auf andere Gedanken zu kommen. Auf die Frage der Freunde in Karlsruhe und Heidelberg, wie es ihm gehe, antwortet er: „Wie dem Ovidius, da man ihn an den Pontus ins Exil gesetzt. Macht große Fußwanderungen ins Wutachtal, Gauchachtal, Brigachtal. Entdeckt keltische Steinwälle auf abgelegenen Bergkuppen. Hat Händel mit Revisoren und Rechnungsräten." Und in seinen Donaueschinger Briefen an die Eltern, die unter dem Titel „Zwischen Pflicht und Neigung" zum 120. Geburtstag erschienen, wird deutlich, dass er sich in Donaueschingen nicht unwohl fühlte, aber dass er glaubte, dieser „Kleinstadt von respektabler Klatscherei und Begrenztheit des Horizonts" doch auch immer wieder entfliehen zu müssen. „Ich sehne mich sehr aus der hiesigen Stille und Museumsmonotonie nach anderen Eindrücken und Gesichtern."

Nun, diese anderen Eindrücke und Gesichter schien er im Gasthof „Zur Linde" in Achdorf gefunden zu haben. Auch verliebt soll er sich haben in die Haustochter Josefine Meister (er nennt sie Maria Gutta), von der ein Porträt in der Scheffelstube hängt und die so wenig Glück in ihrem Leben hatte. Sie wurde angeblich zur Vorlage für die schöne Rothraud in der Liebesgeschichte „Juniperus", die in jenen Tagen entstand und in der die Freundschaft zwischen zwei jungen Männern aus dem niederen Adel – der eine stammt von der Burg Neuenhewen im Hegau, der andere von der Burg Blumegg im Wutachtal – nur so lange hält, wie keine betörende Rothraud dazwischentritt und Freunde zu Feinden macht.

Für Scheffel, den Reisenden und Ruhelosen, waren Donaueschingen und die Baar nur eine Episode, auch wenn er schon kurz nach dem Abschied vom „Heimweh nach der Baar" spricht, „das sich jetzt schon zuweilen fühlbar macht." Auf die Dauer konnte dem ruhelosen, auf Unabhängigkeit bedachten Scheffel das geruhsame Dasein, eingeengt zwischen Büchern, Hofetiketten und offiziellen Visiten, nicht behagen.

Die belesene Sabine Hille, die mit ihrem Bruder zusammen die „Scheffellinde" führt, findet immer etwas in Scheffels Büchern, was über den altertümelnden, romantisch-geschichtlichen Abklatsch hinausgeht. Am meisten schätzt sie den stolzen, klugen, grünäugigen Kater Hiddigeigei im „Trompeter von Säckingen", den der katzenliebende Scheffel von der Höhe des Turms skeptisch auf das „Treiben der Parteien" blicken lässt und der so wenig Gutes daran finden kann („Menschentum ist Ach und Krach"). Wie Scheffel reist und wandert auch sie gerne; ihre größte Wanderreise war der Jakobsweg von Lourdes nach Compostela und Finisterre mit Bibel und Schlafsack. „Mit wenig Aufwand was Großes leisten." Wie ihr Vater Gustav Wiggert, der nicht nur Wirt, sondern auch ein Erzähler vor dem Herrn war, will Sabine Hille die alte Haustradition fortsetzen: „Ruhender Pol, Geborgenheit."

Aus der Geschichte der Baar
—
Der Hexenwahn

Hexenakten der Madlena Clausen.
[Nur die Urgicht ist erhalten.]

Urgicht,

was M a d l e n a C l a u s e n von Ebendüngen [Ewattingen] sowohl giet-
lich als peinlich bekennt [doppelt vorhanden, doch nicht ganz gleich-
lautend].

1. Bekennt, der böse Geist seie das erste mal in schwarzen Kleidern
im Breunlinger Wald zue ihr kommen, selbige zur Unzucht angefochten,
welches sie ihme abgeschlagen und sich gesegnet; darauf der böse
Geist entschwunden.

Zur Geschichte der Baar gehört die Geschichte des Hexenwahns, der
einhergeht mit den Gräueln des Dreißigjährigen Kriegs, der Pest und
dem Wunderglauben, der im Elend blüht. Aber der Wahn hat auch einen
festen theologischen Untergrund. So haben hochangesehene Theologen
wie Albertus Magnus oder Thomas von Aquin ihren Anteil an der Dä-
monologie, der Lehre von der realen Präsenz des Satans, auf den jedes
unerklärliche Übel zurückzuführen ist. Seine menschlichen Komplizen
sind vor allem die von ihm verhexten Frauen, die nach Auffassung der
genannten Theologen zugänglicher sind für das Böse als der Mann, was
der biblische Sündenfall beweist. Papst Innozenz des Dritten berüchtigte
Hexenbulle und der von Dominikanern ausgedachte „Hexenhammer",
Handbuch für Inquisitoren mit Fragekatalog und Folteranweisungen,
taten das Übrige, um die Hexenverfolgung zu einem großangelegten
Unternehmen zu machen, das in uns, dreihundert Jahre danach, ungläubiges Staunen und Entsetzen hervorruft.

Dieses Unternehmen konnte ohne die manipulierte Masse der Gläubigen jedoch nicht funktionieren, sie machte mit, nicht nur indem sie an den Unsinn glaubte, der ihr von oben eingeredet wurde, sondern, noch schlimmer, indem sie mitmachte, indem sie denunzierte, meist aus niederen Beweggründen. War aber einmal jemand denunziert, war es schwer für sie und ihn (auch Männer wurden der Hexerei angeklagt), aus dem Netz von Verdächtigung und Anklage herauszukommen. Und es wurde nicht wenig denunziert, wie zum Beispiel die erhaltenen Bräunlinger Hexenakten zeigen. Auszüge aus den Bräunlinger Hexenakten von 1632 bis 1635 sind 1836 von Heinrich Schreiber im Freiburger Adresskalender veröffentlicht worden. Ein Exemplar davon befindet sich in der Freiburger Universitätsbibliothek, und in der Zeitschrift Alemannia von 1910 hat Eugen Balzer einige Fälle aus Schreibers Originalakten wiedergegeben.

Da ist zum Beispiel die Akte der Maria Corhummel, geb. Beringer, die den normalen bzw. anormalen Verlauf eines Verfahrens wiedergibt. Maria Beringer wird am 19. September 1635 wegen Hexerei „eingezogen", wird den beiden Zeuginnen gegenübergestellt, die ihr Hexerei unterstellen. Die beiden Zeuginnen sind selbst der Hexerei angeklagt und werden gezwungen, gemäß dem Fragenkatalog Namen von angeblichen Mittätern zu nennen. Erst unter peinlicher Befragung (Folter) „bekennt" die angeklagte Beringer alles, was das Gericht (Malefizgericht) hören will, also, wer ihr Buhl heißt (Hölderlin), wie lange sie schon Hexerei betreibt (8 Jahre), wo sie getanzt hat (im Kampfenthal), wer dort noch gewesen ist (die Schellenbergerin), wie oft sie der Teufel beschlafen hat (auf die 5 Mal), wen sie noch auf den Tanzplätzen gesehen hat (die Müllerin in Stetten), ob und wie oft sie ihr Kind zum Tanz mitgenommen hat (das erste Mal beim Niedertor auf den Tanz, das ander Mal vor des Zierlewagens Haus) etc.

Auffällig sind die immer wiederholten Fragen nach Tanz und Teilnehmern, denn der Tanz bedeutete nichts anderes als das lustvolle, kopulierende Zusammensein mit dem Verführer, dem Teufel, und die Fragen nach Teilnehmern zielten auf Mittäter ab und damit auf neue Anklagen. Auffällig ist die Kürze des Verfahrens – Maria Beringer wurde am 26. September, also bereits sieben Tage nach Eröffnung des Verfahrens hingerichtet – wie auch der Umstand, dass man, wie im Fall der Maria Beringer, auch dann nicht vor Anklage und Hinrichtung zurückschreckte, wenn es sich um die Frau eines Ratsherrn handelte.

Bemerkenswert sind auch die seltsamen Geschehnisse am Rande wie etwa das Verhalten der 15 jährigen Waise, die Maria Beringer adoptiert und erzogen hatte und die nach dem Tod ihrer Pflegemutter sich selbst als Hexe bezeichnete.

Der zu dieser Zeit in Villingen lebende Abt Gaisser erwähnt im 2. Band seines umfangreichen Tagebuchs immer wieder Fälle von Hexenprozessen in Villingen, aber nur einer scheint ihn besonders interessiert oder beeindruckt zu haben, wobei ihn die Nebenumstände offensichtlich noch mehr beeindruckten als das Verfahren selbst. „Es ereignete sich etwas Merkwürdiges", schreibt er am 2. Juni 1641, „das wert ist, der Nachwelt schriftlich überliefert zu werden." Was er dann beschreibt, ist die Schilderung eines Umgangs mit einem Stück „Schlachtvieh" in menschlicher Gestalt. Es handelt sich um das Schicksal der Anna Morgin, Witwe des Bauernhans von Villingen, angeklagt wegen Zauberei (Tänze mit dem Verführer, Auftreten in Wolfsgestalt, Betätigung als Wettermacherin u. a.).

„Diese Frau stoßen die Henker, da sie mehrere Schandtaten eingestanden hatte, auf öffentlichen Beschluss (Magistrat der Stadt Villingen) vom oberen Stock des Gefängnisgebäudes auf einen unten stehenden Karren hinab mit solcher Gewalt, dass es zur Tötung genügte. Sie schleppen sie zum Richtplatz, legen sie auf den Scheiterhaufen und zünden nach Herbeischaffung von Stroh und Holz den Holzstoß an. Von Flammen umgeben, richtet sie, die man für tot hielt, sich auf, aber die unbarmherzigen Brandmänner drücken sie mit Prügeln und anderen ihnen zur Verfügung stehenden Werkzeugen, vielleicht weil sie einen teuflischen Spuk vermuteten, wieder in die Flammen zurück. Und doch regt sie sich wieder und schon hatte sie, da ihr Haar durch das Feuer völlig versengt und ihr Gesicht auch ganz geschwärzt war, die Menschengestalt verloren, das Leben aber wieder völlig zurückerlangt. Sie schrie aber mit heller Stimme: „Schont mich und nehmt mir das Leben nicht grausamer, als ihr die anderen bestraft habt! Nehmt mir zuerst den Kopf, dann verbrennt mich, wenn ihr mir nur vorher einen Beichtiger besorgt ..."

In Hüfingen werden 1631 sechs Frauen hingerichtet, im gleichen Jahr, als der kühne Jesuit Friedrich Spee seine Anklageschrift „cautio criminalis" gegen Hexenprozesse und Hexenglauben verfasst. 1682, einundfünfzig Jahre später, wird in Hüfingen der Neudinger Bürgerin Maria Riegerin der Prozess gemacht, von dem es im Generallandesarchiv in Karlsruhe ein lückenloses Protokoll gibt. Dieser Prozess verläuft wie alle Hexenprozesse, nimmt aber ein anderes, überraschendes Ende.

Zunächst wird in diesem Prozess deutlich, wie Denunziationen ganz private, niedere Beweggründe haben können wie Groll oder Hass. Die Ehe der Maria Riegerin ist schlecht, der Mann will die Frau nicht mehr im Haus haben. Als er sie nach Hüfingen vor Gericht bringen will, flieht sie, was er ihr als Zeichen eines schlechten Gewissens auslegt, wie auch die Aussage, dass sie den Vorwurf, sie sei eine Hexe, nicht so recht ernst genommen habe. Der Mann wird nicht müde, Beweise und Zeugen für die Schuldhaftigkeit seiner Frau zu sammeln, bis es dann wirklich zum Prozess kommt. Maria Riegerin leugnet trotz Folter, gibt auf viele Fragen keine Antwort und gibt schließlich nur zu, es mit dem Bösen getrieben zu haben. Allmählich wird sie mürbe, gibt alles zu, beantwortet auch die obszönen Fragen. Damit ist ihre Schuld erwiesen, die Hinrichtung sicher.

Da geschieht das Unerwartete: einer vom Gericht zögert, das ist der Landschreiber Scholl. Er zweifelt an der Glaubwürdigkeit des Ehemanns, zweifelt an der Stichhaltigkeit der Beweise und ist von der Schuld der Angeklagten keineswegs überzeugt. Da er sich aber seiner nicht sicher ist, wendet er sich an verschiedene Rechtsgelehrte, die fast alle für den Tod plädieren. Trotzdem gelingt es dem Stadtschreiber Scholl nach langen, qualvollen Monaten das Gericht auf seine Seite zu bringen und zu einem Freispruch zu bewegen. Vielleicht hätte Scholl dies nicht gewagt, wenn er nicht Rückhalt bei einer mächtigen Persönlichkeit gehabt hätte, vielleicht bei der Gräfin, an die er sich ebenfalls gewandt hatte.

Maria Riegerin wird zur Auflage gemacht, eine Wallfahrt nach Einsiedeln zu machen und allen zu verzeihen, welche ihr Gefangenschaft und Folter zugefügt haben. Die gebrochene Frau verlässt die Baar, geht in die Schweiz, wo sie durch Spinnen ihr Leben fristet.

Sunthauser See

Wir halten am Kurpark auf der Höhe des Narrenschopfs, packen unsere Rucksäcke und ziehen los. Luisenstraße, Luisenklinik, Haus Hohenbaden. Arbeiter, die Gasleitungen legen. Ein Feld mit meterhohen, verwelkten Kletten. Der Kapfwaldweg, die Hirschhalde.

Oben auf der Höhe Heuwiesen (zweite Heuernte), Maisfelder, alleinstehende Bäume, offenes Gelände. Vor einer Birke glaubt Gerhard, Rilke zitieren zu müssen, Rilke gehört zu seinen Lieblingsdichtern. „Vor lauter Lauschen und Staunen sei still." Ob Rilke auch mal so andächtig vor einer Birke stand?

Der weite Blick auf die Hügel der Ostbaar, auf Oberbaldingen, Öfingen, den Kirchturm von Sunthausen. Eine Krähe, die uns beobachtet, ein junger Traktorfahrer, der einen Hang rauf und runterrumpelt. Der junge Traktorfahrer, die Krähe und wir scheinen die einzigen Lebewesen in der gefrorenen Morgenlandschaft zu sein. Wir nähern uns Sunthausen.

Sunthausen war einmal eine der Hochburgen der Schweinezucht, die ganze Baar, das „Suländle", war eine Hochburg. Schweine und Kartoffeln. Jetzt sind es Maisfelder und Pferdekoppeln.

Wir ziehen die Hauptstraße hinunter vorbei an einem italienischen Restaurant, an einer viel zu großen neugotischen Kirche mit einem den Kirchturm zierenden Dachreiter, einem Rathaus, einem Dorfbrunnen mit einer Baaremer Schnitterin und einem Briefkasten, die Ortsmitte. Zurück geht es auf der anderen Straßenseite zum Dorf hinaus bis zum ausgedehnten Friedhof mit seinen Begoniengräbern, seiner Friedhofskapelle und seinem Kriegerdenkmal. Ein kleines, leeres Dorf, ein großer, voller Friedhof. Gerhard, der das Gesicht in Falten zieht, als müsse er nachdenken.

Dann haben wir Sunthausen hinter uns, vor uns der See, eingerahmt von einem dichten Busch- und Schilfgürtel. Auf dem Hang zwischen Seerestaurant und See packen wir die Rucksäcke aus. Picknick mit Blick auf den See. Der See eine glatte, graue Fläche, die Uferseite mit Erlen bestockt. Verblühte Sumpfschwertlilien. Ein Graureiher, der aus dem Schilf stelzt, Gerhard, der die Digitalkamera zückt. Dann diese Stimme hinter uns. Eine Frau an einem der Restauranttische oberhalb des Hangs, die auf uns herabschaut. Sie habe Geburtstag, ob wir uns nicht zu ihr setzen wollen.

Die Frau schlank, fast schmächtig, von unbestimmbarem Alter, auf dem Tisch eine Flasche Weißwein, die sie zur Hälfte geleert hat und die wir vielleicht mit ihr zu Ende leeren sollen. Und so schaut Gerhard nach Gläsern, und wir stoßen an, auf ihren Geburtstag, auf das neue Lebensjahr, und Irene, ihr Name, erzählt uns, dass sie aus dem „Osten" komme, dass sie auf Kur in Bad Dürrheim sei und dass sie heute statt der Therapie lieber ein bisschen mit ihrem Wagen herumfahre. Das sagt sie mit dieser leisen, fast flüsternden Stimme, als handele es sich um eine besonders heikle Angelegenheit, und wir stoßen erneut auf ihren Geburtstag an, auf ihre Gesundheit, auf das Leben, bestellen eine zweite Flasche Wein, unterhalten uns über Geburtstage im allgemeinen und wie man sie am besten hinter sich bringt, über Kuren und über Bad Dürrheim, wo sie kurt, und über die Baar, und dann zeigt sie uns ihr kleines Album mit Zeichnungen, die sie von der Baar während ihres Kururlaubs gemacht hat, aber dann sind es gar keine richtigen Zeichnungen, sondern nur Striche, Quer- und Schrägstriche, die vielleicht etwas miteinander zu tun haben, ohne sich zu berühren, die Baar ein loses Geflecht von Strichen, Linien. Gerhard, der hartnäckig versucht, hinter das Geheimnis zu kommen, Gerhard, der etwas von Rilke und Belichtungszeiten versteht, aber nichts von gestrichelter Kunst. Wer versteht schon etwas davon! Dann bellt irgendwo ein Hund, und jemand schaut argwöhnisch zu uns herüber, und Gerhard macht noch schnell ein Bild von unserem Geburtstagskind, das sich kokett eine braune Strähne hinters Ohr schiebt, und wir umarmen uns und gehen unseres Weges, jeder in seine Richtung.

Wie wir nach Bad Dürrheim hinabsteigen und den großen Hof der Rehaklinik für Eisenbahner und Nichteisenbahner überqueren, sehen wir diesen alten Mann auf der Bank sitzen, der uns so erwartungsvoll anblickt, dass wir gar nicht weitergehen können und ihn fragen, wie es ihm gehe, und er nickt, lädt uns mit einer Handbewegung zum Sitzen ein und erzählt uns, wie sie ihm in Stuttgart den Magen weggeschnitten haben und dass er jetzt hier zur Reha sei. Den Magen weggeschnitten? Es seien zu viele Geschwüre gewesen, und es hätte wohl sein müssen. Er lächelt, der Mann ohne Magen. Aber wie das nun mit dem Essen sei, wenn er keinen Magen mehr habe, wollen wir wissen. Nicht viel, nichts Fettes, kein Salz; kein Salz, das sei das Schlimmste, andrerseits habe man ohne Salz keinen Hunger mehr. Wir starren ihn an und wissen nicht, was wir davon halten sollen. Er nickt, er lächelt, als wir aufstehen, und sein Lächeln ist vielleicht wie ein Einverständnis mit dem Leben, wie immer es auch sein mag. Gerhard hat die Kamera in der Hand, macht aber kein Bild, er macht überhaupt keine Bilder mehr an diesem Tag. Wie wir vor der kleinen Birke am Parkplatz stehen, zögert er einen Augenblick, dann nehmen wir die Rucksäcke ab, steigen ein, fahren los.

Aus der Geschichte eines Landstädtchens

Die Geschichte berichtet, dass alles mit einer kleinen alemannischen Siedlung Hiuvinga begann; dass der Ort schon 1274 einen Markt hatte, der Ritter Johann von Blumberg zu verdanken war; dass Hüfingen rund hundert Jahre später in die Hände der Freiherren von Schellenberg fiel und 1452 das Stadtrecht erhielt; und dass Kaiser Maximilian im Sommer 1499 der Stadt die Ehre eines Besuchs gab, was man nie vergaß; dass die Hüfinger ohne Schwertstreich ihre Tore öffneten, als am 13. April 1525 der erste Vortrupp der aufrührerischen Bauern heranzog, und dass Hans der Ältere von Schellenberg die Villinger bat, mit Totschlag und Brand gegen die Aufrührer vorzugehen (was die Villinger vielleicht nicht ungern hörten), und dass sich 37 Hüfinger Bauern standhaft weigerten, nach der Niederschlagung des Aufstands die Strafartikel der Sieger anzuerkennen; dass die Stadt nach langen Verkaufsverhandlungen um 1620 endlich fürstenbergisch wurde; dass am 15. Oktober 1632 württembergische Soldaten unter dem Oberst Rau in Hüfingen ein Blutbad

anrichteten und dass der Dreißigjährige Krieg über Hüfingen so viel
Elend brachte, dass die Armen „abgegangen Fleisch" aßen und sich der
Villinger Abt Gaisser über das Aussehen der Stadt Hüfingen entsetzte;
dass die Hüfinger Hexenprozesse bis ins 18. Jahrhundert andauerten;
dass Hüfingen 1806 badisch wurde, was zur Aufhebung von bäuerlichen
Lasten und zur Handels- und Gewerbefreiheit führte; und dass 1812 der
letzte Schellenberger verarmt im genannten Schellenberghaus verstarb
(mit ihm und den Schellenbergern hat sich der Hüfinger Ratschreiber
und Dialektdichter Gottfried Schafbuch eingehend beschäftigt); dass
die badische Revolution von 1848/49 vom Großteil der Einwohnerschaft
begeistert mitgetragen wurde und zur Unterstützung der Revolution ein
republikanischer Volksverein, eine Wehrmannschaft und ein politischer
Frauen- und Jungfrauenverein gegründet wurden und dass über 3000
Menschen in einer Hüfinger Versammlung die Amnestie für politische
Gefangene und die Aufhebung des Adels forderten (im Sommer 2012
feierte das Hüfinger Sommertheater im Schlosspark das heiße Jahr der
Badischen Revolution); dass die schönste Tanne im Wolfsbühl den Namen des Kaisers Wilhelm des Zweiten tragen durfte (was der Kaiser
gnädig zur Kenntnis nahm) und dass ein Erdbeben am 16. 11. 1911 die
Stadt heimsuchte; dass 1921 Hüfingen die Bezeichnung „Stadt" aber-
kannt wurde, da es keine 15 000 Einwohner hatte, und dreißig Jahre später sich wieder „Stadt" nennen durfte; dass Donaueschingen Hüfingen
eingemeinden wollte und 97 % der Hüfinger dagegen stimmten, und
Hüfingen seinerseits fünf Gemeinden eingemeindete, was sich Verwal-
tungsreform nannte, und dass die Altstadt in den achtziger Jahren unter
Denkmalschutz gestellt wurde, was eine gute Idee war.

Geht man durch die kleine Stadt, geht man auch durch Geschichte,
vorbei an dem von den Schellenbergern errichteten „Oberen Schloss", das
heute ein Alters- und Pflegeheim ist, vorbei an dem schmucken, einladenden Museum für Kunst und Geschichte mit Exponaten der Archäologie
und Kunst aus dem Raum Hüfingen, von Eva von Lintig und ihrem För-
derkreis vor ca. 20 Jahren ins Leben gerufen und von Hermann Sumser
architektonisch gestaltet, vorbei am Geburtshaus des neoklassizistischen
Komponisten Bertold Hummel und dem benachbarten Schellenberghaus,

in dem der Letzte aus dem Haus Schellenberg sein angeblich kümmerliches Dasein fristete, vorbei am Sterbehaus des Malerpoeten Lucian Reich, an Sennhof und Zehntscheuer und Stadtkirche mit einem vom gotischen Kreuz wehmütig herabblickenden Jesus und den grauen Epitaphien der Herren von Schellenberg an der Südwand, die uns sagen, dass alles vergeht, und jenseits der Breg der Friedhof mit den in die Friedhofsmauer eingelassenen alten Grabplatten aus der Biedermeierzeit, darunter die von Lucian Reich und dem Freund und Uhrenschildermaler Johann Nepomuk Heinemann und hinter der alten Friedhofskapelle das Grabdenkmal des Bildhauers Xaver Reich, Bruder von Luzian Reich und nahe dem Friedhofseingang die Ruhestätte des Hüfinger Mundartdichters Gottfried Schafbuch („O Boor, mii Boor, hol mech doch hoam"). „Gewöhnlich", sinnierte der Chronist Gottfried Werner von Zimmern in einer dunklen Stunde, „finden die Toten im Grabe doch gar keine Ruhe, weil sie doch ihre Sünden und Fehler abzubüßen haben."

Friedhöfe. Der schönste Friedhof, verriet mir ein Kroate, sei in Hum. Wer einmal dort gewesen sei, könne sich nur schwer davon trennen, tot oder lebend, besser lebend. Aber wenn es dann doch einmal so weit sei, wäre die Aussicht, dort sein Plätzchen zu finden, traumhaft, und ein Traum, so der Kroate, bleibe es wohl auch, denn alle Grabplätze seien bis zum Ende des Jahrhunderts ausgebucht.

Lucian Reich und
die Mühsal des Lebens

Als Lucian Reich mit fünfunddreißig sein Hauptwerk „Hieronymus. Lebensbilder aus der Baar und dem Schwarzwald" veröffentlichte, hatte er den Höhepunkt seines künstlerischen Lebens und Schaffens schon erreicht. Was danach kam, war eher Stillstand und Niedergang. Vor dem „Hieronymus" aber, der so viel Anlass zu Hoffnung gab, steht der große Künstlertraum: Erfolg, Anerkennung.

Früh war für den jungen Reich, 1817 im Herzen der Baar, in Hüfingen geboren, klar, dass er Maler werden wollte. Seine fachliche Ausbildung erhielt er am Städelschen Institut in Frankfurt und auf der Kunstakademie in München. Die erste Gelegenheit zu einer größeren künstlerischen Betätigung erhielt er durch Moritz von Schwind bei der Ausschmückung der Karlsruher Kunsthalle mit allegorischen Fresken, wodurch sein Name zum ersten Mal in der Öffentlichkeit bekannt wurde. Zur gleichen Zeit erschienen in Baders „Badenia" Bilder aus dem Volksleben der Baar, Illustrationen in der Zeitschrift „Das deutsche Familienbuch", eine große Zahl von Skizzen und Ölstudien, ausgestellt im Landesmuseum in Karlsruhe.

In Karlsruhe fand er auch Anschluss an einen rührigen Künstlerkreis um Moritz von Schwind, lernte Schriftsteller wie Auerbach, Scheffel und Kurz kennen und begann neben der künstlerischen Arbeit auch zu schreiben. „Zeichnung und Text aus einem Guss", wie er es nannte, oder: „Zeichenstift und Schreibfeder die Mittel, das Gedachte, Gehörte und Erlebte wirksam zum Ausdruck zu bringen."

Und das tat er auch. Sein Kopf war voll von Gedachtem, Gehörtem und Erlebtem. Er illustrierte, malte, entwarf Musterblätter für Schwarzwälder Uhrenschilder, arbeitete am Hoftheater in Karlsruhe, schrieb Skizzen, eine Novelle und Gedichte. Dies waren seine besten Jahre. Er war ein überaus reger, vielseitiger Künstler, vor allem war er *der* alemannische Malerpoet, mehr romantisch als realistisch, eher rückwärts gewandt und wenig interessiert am politischen Leben.

Und dann ging er daran, einen langgehegten Wunsch zu verwirklichen, nämlich ein Buch über die Heimat zu schreiben und zu illustrieren, das den Titel trug „Hieronymus. Lebensbilder aus der Baar und dem Schwarzwald." Mit diesem Buch wollte Lucian Reich den Reiz und die Eigenart der geliebten Landschaft in Wort und Bild wiedergeben, auch eine im Untergehen begriffene Welt der alten Sitten und Werte der neuen Welt der beginnenden Industrialisierung und Kommerzialisierung entgegenstellen. Die Lebensgeschichte des Titelhelden ist uns dabei heute vielleicht nicht mehr so wichtig, wichtiger ist der kulturelle, gesellschaftliche Kontext: die Darstellung des häuslichen Lebens, von Schule und Lehre, Brautwerbung und Hochzeit, Feld- und Hirtenleben, Festlichkeiten aller Art, darin eingebettet das Leben des Hieronymus, in dessen Denken und Lebensgefühl der Autor sehr wohl zu erkennen ist – Natürlichkeit, Lauterkeit, Bescheidenheit.

Der Wert dieses Buches, so geschönt und idealisierend es ist, liegt für uns heutige Leser in seiner kulturgeschichtlichen Bedeutung, seinen volks- und naturkundlichen Exkursen, seinen Informationen über Menschen und Zeitgeschehen. Die idyllischen Illustrationen, fast alle mit Hebelversen versehen und vom Schwager, dem Lithographen Johann Nepomuk Heinemann, auf Stein übertragen, erinnern in ihrem romantisierenden Ton an Ludwig Richter. Das Buch wurde freundlich aufgenommen, erlebte eine zweite Auflage, doch dann wurde es still um das Buch und den Autor, und Lucian Reich, der nie genug Geld hatte, schaute sich nach einer Arbeit um, die ihm und seiner Familie eine halbwegs gesicherte Existenz verschaffen sollte. Und so entschloss er sich, im Jahr 1855 eine Stelle als Zeichenlehrer am Gymnasium in Rastatt anzunehmen.

Damit verschaffte sich Reich zwar das gesicherte, wenn auch dürftige Einkommen, doch seine Kreativität litt darunter. Er arbeitete neben seinen Unterrichtsstunden künstlerisch weiter, schrieb die „Wanderblühten", malte seine Genre- und Porträtbilder, aber seine künstlerische Kraft ließ nach. In den „Blättern aus meinem Denkbuch" beschreibt er, wie trostlos die Arbeit als Zeichenlehrer für ihn war, da „das Zeichnen nur als zerstreuende Nebenbeschäftigung" angesehen wurde, und wie sehr ihm die Disziplinlosigkeit der Schüler zu schaffen machte. Zudem wurde er nicht zum Reallehrer befördert, sondern blieb Hilfslehrer ohne Anspruch auf eine Pension.

1890, im Alter von dreiundsiebzig Jahren, kehrte er krank und erschöpft nach Hüfingen zurück. Die letzten zehn Jahre seines Lebens verbrachte er zurückgezogen und vereinsamt. Er zeichnete, schrieb Gedichte, dachte über sein Leben nach („Es hät mi dunkt as wie en Traum").

Der große Schwarzwälder Volksschriftsteller Heinrich Hansjakob besuchte ihn in dessen letztem Lebensjahr. In seinen Reiseerinnerungen „Verlassene Pfade" schreibt er tief bewegt über diese Begegnung: „Ehe ich heute meine Reise fortsetzte, besuchte ich noch einen alten Ehrenmann, der einst in Rastatt mein Zeichenlehrer war — den Maler und Volksschriftsteller Lucian Reich. Im dritten Stocke eines kleinen Häuschens, über dessen schmale Treppe ich mich förmlich hinaufzwängen musste, traf ich ihn. Er war hocherfreut über meinen Besuch, der dreiundachtzigjährige Greis, in dessen Zügen Bitterkeit und Biederkeit sich die Waage halten. Er kommt seit Jahren nicht mehr aus seiner Stube und unter die Menschen, und sein einziges Kind, eine Tochter, pflegt ihn. Unermüd-

lich ist er aber noch geistig thätig, liest und zeichnet und schriftstellert ...
Wie hat Lucian Reich sein ganzes Leben hindurch nur für Ideale gelebt!
Wie hat er in seinen Büchern geschwärmt für Fürst und Vaterland, für
Volk und Volkstum, für Wahrheit und Recht! Und heute treffe ich ihn
in einem armseligen, einsamen Stüblein mit einem Gnadengehalt von
71 Mark und 50 Pfennig!"

Heute scheint der Name des Malerpoeten außerhalb seiner engeren
Heimat so gut wie vergessen. Bilder von ihm gibt es u. a. zu sehen in
den Fürstenbergischen Sammlungen in Donaueschingen und im Stadtmuseum in Hüfingen.

Ein Spätsommertag auf der Grenzbaar

Vorbei an Wiesen, Buschwerk, Eisenbahnschienen, Bahnwärterhäuschen, einem Holzlager, dem alten, außerhalb des Ortes gelegenen Bahnhof führt ein schmales Sträßchen von Zollhaus nach Riedöschingen. Es ist einer von den letzten heißen Sommertagen. Gerhard und ich auf dem Weg durchs Aitrachtal. Rohrleger bei der mühsamen Arbeit, der Schweißer, der 14 Jahre seines Lebens im Ausland gearbeitet hat, davon 3 Jahre im Sudan; ein älterer Mann mit Hut und kleinem Rucksack, der Verwandte weiter hinten im Aitrachtal besuchen will; der Pferdezüchter Faller aus Blumberg, seine 10 Pferde, von denen ihm eines in die Leiste trat, die Pferdezucht, die nichts bringt, die Zahnärztin, der er ein Pferd für die teure Zahnbehandlung angeboten hat.

Riedöschingen, in einem Seitental der Aitrach gelegen, am Mittag: leere Straßen, ein krähender Hahn, blühende Bauerngärten, der Komminger Dorfbach, Kompromissbach genannt, die Kirche und der Agathapark (früher Pfarrgarten), daneben ein sehr altes, aufgegebenes Gebäude (die Haustürklingel funktioniert noch), der „Hegauer Hof", 1812 unter dem Namen „Zum Kreuz" zum ersten Mal urkundlich erwähnt, ein Brunnen, eine Bank, zwei Männer mit mächtigen Rucksäcken, die in den Hegau hinüber wollen. Einheimische scheint es keine zu geben, dafür Scharen von Schwalben, die, wie herbeigerufen, auf den Hochspannungsleitungen sitzen.

Oberhalb des Dorfs Streuobstwiesen, auf der anderen Seite des Dorfes kann man die zwei immer kleiner werdenden Hegauwanderer eine Bergstraße hinaufsteigen sehen. Ein Traktor, der hinter uns den Hügel heraufzuckelt. Der lange Blick auf das Bauerndorf, das keines mehr ist. Nur noch einen einzigen Vollerwerbslandwirt gibt es, erfahren wir vom Traktorfahrer, der sich weiter oben an einer Lagerhalle zu schaffen macht. Er selbst hat seinen Stall auch schon geleert, nun hat er noch die paar Felder, wie lange? Er arbeitet nebenbei in einem Betrieb im Ort, der Regale herstellt, seine Frau arbeitet als Krankenschwester in Bad Dürrheim. „Überleben ist alles", erklärt der Traktorfahrer etwas pathetisch.

Hermann Barth, der einstige Ortsvorsteher, der sich wie kein anderer in Riedöschingen und seiner Geschichte auskennt, hat in der Jubiläumsschrift „900 Jahre Riedöschingen" aus dem Jahr 2000 ein Kapitel den „Bauern und der Landwirtschaft in Riedöschingen" gewidmet nach Aufzeichnungen seines Onkels Franz Karl Barth, dem einstigen Leiter des FF Archivs in Donaueschingen. Der Artikel ist mit einem Holzschnitt von Jost Ammann aus dem Jahr 1568 geschmückt und den dazugehörigen Zeilen, die uns zeigen, dass es immer ums Überleben ging: „Ich aber bin von art ein Bauwr/Mein Arbeit wirt mir schwer und sauwr/Ich muss Ackern/Seen und Egn/Schneyden/Mehen/Heuwen dargegn/Holtzen/ und einführn Hew und Treyd/ Gült und Steuwr macht mir viel hertzleid/Trinck Wasser und iss grobes Brot/Wie denn der Herr Adam gebot."

Feldwege, Feldgerüche, Feldarbeit, Erntearbeit. Die Landwirte, schreiben die Zeitungen, seien mit der Getreideernte zufrieden, wenn auch der Ertrag wegen der nassen Witterung geringer sei als im Vorjahr. Die Qualität sei bei den meisten Sorten gut, beim Weizen sehr gut, bei der Wintergerste so gut wie im Vorjahr. Ein deutlich geringerer Ertrag werde beim Mais erwartet, schuld daran sei der Juli-Hagel, der auch schuld sei am 20 % niedrigeren Ertrag der Rapsernte. Und die Preise? Reinhard Schulze, Sachgebietsleiter Pflanzenbau beim Landwirtschaftsamt in Donaueschingen spricht von ca. 18,19 Euro pro Dezitonne Getreide, der es den Landwirten ermögliche, „einen gewissen Ertrag zu erzielen, auch wenn keine Förderzahlungen kommen."

Weil die Linde am Weg so schön ist, beschließen wir, unter der Linde zu picknicken. Unter einer Linde zu picknicken, meint Gerhard, ist was Besonderes, und er vergisst nicht, die Linde von allen möglichen Seiten aus abzulichten. Dann verlassen wir die Felder, wo es nach Getreide und Kamille duftet, und streben dem Randenwald zu, dem Blauen Stein. Der Blaue Stein ist ein Felsblock aus Basalt und ist keineswegs blau (ein Mann aus Blumberg, der gerade Würste grillt, meint, dass er nur bei Regen blau sei); vermutlich ist er der Überrest eines ehemaligen Vulkanschlotes. Da man diesen ca. 10 Meter hohen Felsklotz auf der Rückseite besteigen kann, besteigen wir ihn, ganz oben auf dem „Gipfel" steht eine junge Buche, die, wer weiß, den Felsklotz noch einmal sprengen wird.

Auf dem Weg nach Randen zwei Mädchen, die aus einem versandenden Rinnsal Kaulquappen fischen, um sie zu einem nahen Teich zu bringen. Am Waldrand vor Randen Dorf eine Bank, auf der wir uns niederlassen, um den Rucksack zu leeren, bevor es nach Zollhaus hinuntergeht. Gerhard, der sich über den zweiten genetischen Code, Obamas Cyberattacken gegen den Iran per Stuxnet-Virus, wie er aus Wikileaks weiß, und den Romanfabrikanten vom Bodensee auslässt. Vor uns die braunen Hüte der Fichtensteinpilze, und wir unterhalten uns über Pilze, von denen die Wissenschaftler immer noch nicht wissen, welcher Spezies sie sie zuordnen sollen. Wir blicken auf die dicken, keulenförmigen Stiele, die ausladenden, braunen Hüte. Wie lange sie noch stehen werden? Steinpilze sind gesucht, und züchten kann man sie nicht. Gerhard denkt an eine kleine Umzäunung.

Randen Dorf, Grenzort, Ausgangspunkt für vielerlei Erkundungen und Wanderungen im Grenzbereich. Ein Gasthaus, eine Kirche, eine über fünfhundert Jahre alte Stieleiche am Feldweg nahe der B 314 und ein jahrzehntelanger, bisher vergeblicher Kampf der Dorfbewohner gegen den nie endenden Durchgangsverkehr.

Münzer
—
Mann der Baar

Heinrich Münzer aus Neudingen arbeitete in der Landwirtschaft, im Wald, auf dem Bau, in der Dreherei, in der Firma Winkler in Villingen, vor allem aber bei der Firma Kramer in Gutmadingen als Abteilungsleiter der Spritzerei. Zweiunddreißig Jahre arbeitete er für die Firma Kramer, bis er seinen Arbeitsplatz verlor. Das war vor acht Jahren, und er war gerade sechsundfünfzig. Sechsundfünfzig ist kein Alter, und die Entlassung war der Tiefpunkt seines Lebens. Doch dann nutzte er die Zeit, die er jetzt in Fülle hatte, und baute für die Töchter die Scheuer in ein Wohnhaus um, tat dies und das, immer fleißig am Werk, sei es als Elektriker, Flieser, Schreiner oder Gipser (Kaltputz) und immer für den Hausgebrauch. Es scheint wenig zu geben, was er nicht kann, zum Beispiel jagen, aber er kann ein Wildschwein tranchieren.

Und dann tat er auch noch das, was ihm schon immer erstrebenswert erschien: die Landschaft erkunden, Tiere beobachten. Auf seinen liebsten Platz in der Landschaft stellte er Tisch und Bank, selbst gezimmert für sich und für andere, die diesen Platz auch so schön finden wie er, zieht hinauf zu diesem Platz auf dem Kapf unterhalb vom Kuhberg, wann immer ihm danach ist, erfreut sich der Ausblicke auf Neudingen, Sumpfohren, auf die Donauschleifen, den Wartenberg und bei klarem Wetter auf die Schwarzwaldhöhen bis zum Feldberg, erfreut sich des Flugs des roten Milans, der vorbeistreichenden Füchse. Münzer zieht die Stille dem Lärm vor.

Sein Großvater war Schuhmacher und Landwirt, sein Vater war Landwirt und Gemeindearbeiter. Auch er war zuerst Landwirt, bis sich die Frage stellte: Wachsen oder Weichen. Da ist er gewichen. Er hat noch eine Wiese hinterm Haus, hat ein Feld verpachtet mit der Auflage, dass daraus kein Maisfeld und keine Maisbiogasanlage wird.

Heinrich Münzer interessiert sich für die Geschichte der Landschaft, ist Mitglied im Baarverein, besucht Museen. Vor einiger Zeit hat er drei Tage lang ein Seminar in Donaueschingen besucht zum Thema „Die Baar als Königslandschaft". Für Politik interessiert er sich weniger. Politiker sind nicht ehrlich. Und die Demokratie? Man lässt wählen, und danach macht man, was man will. Er erzählt vom Schätzelemarkt in Tengen, der jedes Jahr im Oktober stattfindet und zu dem immer ein Politiker eingeladen wird, der dafür die Zuhörer „mit seinen Tiraden beglückt". Letztes Jahr habe ein wenig beliebter Minister gesprochen, der habe gesprochen, als wäre er auf einer Geburtstagsfeier, und die Leute, die sonst gern ihre Späßchen über Politiker machten, hätten ihm zugejubelt. So sei das mit den Politikern, und so sei das mit den Leuten.

Münzer kennt sich aus in der Gegend, kennt die Leute, ihre Angewohnheiten, ihre Sehnsüchte. Kennt die Geschichten, die man sich über Nachbarn, Zugezogene, Amtspersonen, auch die Fürstenberger erzählt, zum Beispiel über den vor Jahren verstorbenen, volksnahen Fürsten Joachim, den Jokel, wie sie ihn nannten, den Jodlerkönig, und Münzer erzählt vom Grafen Melin, vom Totengräber Kuttruff und dessen sechzehn Kindern und den Gräbern, die dieser für dreifünfzig das Grab schaufelte, erzählt vom Öfinger Blitz, vom Pfarrhausmuseum in Ippingen, wo die meisten gesammelten Steine der Baar ruhen, die der steinreiche Pfarrer so liebte, von seinen Erkundungsspaziergängen mit Franz Gottwalt, als dieser die

Feldkreuze und Bildstöcke der Gegend begutachtete und den Schicksalen nachging, die dahintersteckten, erzählt von den hundertfünfzig Graugänsen und der einen Rostgans, die gemeinsam an der Donau ihr Lager aufschlugen, wofür er keine Erklärung fand, auch nicht Professor Gehring in Villingen, den er dazu befragte.

Die Abende verbringt Heinrich Münzer am liebsten in seinem kleinen Zimmer oben im zweiten Stock, eine Art Insel, die angefüllt ist von Büchern, die er sich im Lauf der Jahre angeschafft oder die er geschenkt bekommen hat. Es sind vor allem geschichtliche Bücher, Ortschroniken. Keine Romane. Der Tag im Schopf, in der Werkstatt, der Abend auf der Bücherinsel.

Die Liebe zu Büchern hat ihm der ehemalige Maria-Hof-Kaplan Dr. Schupp, der Nachfolger des Grafen Melin, vor einem halben Jahrhundert eingepflanzt, Bücher über Geschichte und Naturgeschichte, Bücher über das Leben großer Männer. Wer sind die großen Männer? Vielleicht Doktor Sumser, der „Orchideendoktor" in Hüfingen, der sich sogar nachts um seine Kranken kümmerte und sich so gut mit Orchideen auskannte wie kein anderer. Vielleicht der Lehrer Wacker, der viel über die Baar wusste und auch sonst viel im Kopf hatte. Oder eben der belesene Maria-Hof-Kaplan, dem die Kirche zu klein war und der eine Chronik von Pfullendorf schrieb, von wo er kam, aber keine von Neudingen, weil er keinen Ärger mit dem Fürstenhaus wollte. „Nur die Wahrheit", war sein Prinzip, „oder nichts." So kam es, dass er keine Chronik über Neudingen schrieb, obwohl er doch so viel über Neudingen wusste. Andere vielleicht, meint Münzer, schreiben ihre Chronik und hinterlassen ein tiefes Loch. Damals nach der Beichte blieben sie manchmal noch eine Weile im Beichtstuhl sitzen, unterhielten sich über Dinge, die nichts mit der Beichte zu tun hatten, über Bücher oder Politik. Den Lebensabend verbrachte der Hofkaplan in einem Heim in Geisingen, wo er in hohem Alter starb.

In Neudingen, weiß Heinrich Münzer, gibt es noch vier Vollerwerbsbauern, zwei Schreinereien, ein Fliesengeschäft und die Gummiwerke, eine Landmaschinenwerkstatt, einen Ofensetzer, eine Bäckerei, ein Hotel Garni, einen Schäfer, einen Reiterhof und im Gnadental den Pferdehof. Von den ehemals sieben Gasthäusern haben noch zwei für ein paar Abendstunden geöffnet. Manchmal fährt er ins Nachbardorf Gutmadingen, wo es glücklicherweise noch einen ganzabends geöffneten Gasthof gibt, setzt sich zu den Leuten, um zu hören, was es so gibt und wie es läuft, und die Rede ist vom Wetter, vom Dieselpreis, von Kniebeschwerden, und immer ist von etwas die Rede. Reden ist auch eine Kunst.

Und das Leben? Münzer schätzt das Leben, isst gern und gut, werkelt gern in seinem Schopf, liest. Was er nicht mag: Hinterhältigkeit. Das größte Ereignis und die größte Katastrophe im Leben: die Geburt. Man verlässt den warmen, schützenden Schoß, und schon gibt's was auf den Nates. Nein, das Leben ist nicht einfach, aber es hat Schönes zu bieten, doch wenn es Zeit wird zu gehen, soll man gehen. Sein Traum? Eine Reise mit der Transsibirischen Eisenbahn. Am besten mit einem Aussiedler, wegen der Sprache. Drei Monate mindestens. Schauen, hören. Seine Bücher über Russland, über Transsibirien. Heinrich Münzer ist Neudinger, vielleicht könnte er auch woanders leben, am liebsten aber lebt er hier.

Amazonische Ferne

Vor Jahren erzählte einer in einer der Kneipen der Villinger Färberstraße, als von fernen Ländern, Auswanderung etc. die Rede war, die Geschichte seines Onkels aus der Südstadt, der gleich nach dem Krieg sein Botanikstudium hinwarf und an den Amazonas auswanderte, weil er den Krieg und das Nachkriegselend vergessen wollte und weil er jung genug war, um ein neues Leben zu wagen.

Nach dieser Geschichte bestieg der Onkel in Hamburg einen der billigen Bananendampfer, fuhr über den Atlantik, fuhr mit dem Flussschiff zum oberen Amazonaslauf hinauf, und als er sich dort ein wenig eingelebt hatte, drang er in einem Boot mit Außenbordmotor und ausgerüstet mit Proviant, Zelt, Moskitonetz, Hängematte, Machete, Angelhaken, Schlangenserum und allem, was zum Überleben nötig war, in den brasilianischem Urwald vor, und es war die Neugier, die ihn antrieb, vielleicht auch die Frage, wie viel ein Mensch zu ertragen fähig sei. Er lebte von Fisch und Maniok, lernte, Lianen von Baumschlangen zu unterscheiden, sich mit Eingeborenen zu verständigen und sich mit der Vielfalt der Urwaldbäume vertraut zu machen.

Ziellos streifte er umher, bis er sich eines Tages zu seinem maßlosen Erstaunen in einem Baumfarnwald wiederfand. Mir war, als ginge ich durch die Urwelt, schrieb er nach Hause, und kam nicht mehr davon los. Dabei war nicht klar, was ihn mehr in Bann schlug, der Zauber, der von diesen Wäldern ausging, oder der Kontakt mit den Anfängen der Erdgeschichte. Die Farnwälder so alt wie die Erde. Als er dann lange genug die Farnwälder am Oberlauf des Amazonas im sogenannten Dreiländereck durchstreift hatte, begann er mit dem Kartieren, und später beteiligte er sich an der Erstellung eines Bilderatlasses der Farnwälder Oberamazoniens am Tropeninstitut in einer Stadt namens Manaos, wo man ihm eine Stelle in der Tropenwaldforschung angeboten hatte. Von hier aus führte er auch seine botanischen Expeditionen durch und organisierte die Wiederaufforstung von aufgegebenen Erzgruben und abgebrannten Waldarealen – mit Farnbäumen. Dann heiratete er eine Sängerin und wurde sesshaft.

Und eines Tages, so die Geschichte, tauchte der Onkel nach über vierzig Jahren als alter Mann wieder in Deutschland auf, und keiner wusste warum. War es Heimweh, oder wollte er Abschied nehmen, oder war es wegen eines wissenschaftlichen Kongresses in Berlin, in dem es um die amazonischen Regenwälder ging? Er wohnte bei seiner Schwester, machte Besuche, fuhr auf die Alb, in den Schwarzwald, in den Schweizer Nationalpark und ins Engadin, Informationsreisen, wie er es nannte, und immer mit einem Packen geologischer Karten und forstamtlicher Vermessungsblätter versehen. Einmal fuhr er auch nach Berlin, aber nicht zum wissenschaftlichen Kongress, sondern zum Tropeninstitut und zum Bundesamt für Pflanzenschutz.

Dieses dauernde Unterwegssein beschäftigte die Verwandtschaft, aber dann führte man es auf irgendwelche beruflichen Gründe zurück oder auf seine Reiselust, die ja immer in ihm gesteckt hatte. Wenn man ihn dann bei familiären Treffen nach dem Leben und dem Land fragte, in dem er lebte, soll er ein bisschen von seiner Arbeit und vom Amazonas, von schwimmenden Seekühen und von Holzfällern mit Motorsägen und Maschinengewehren erzählt haben, um irgendwann bei seinen Baumfarnen anzukommen, bei Samenplantagen, Befruchtung und Wachstum, ohne dass er zu erwähnen vergaß, dass ganz Europa einmal von Farnwäldern überzogen gewesen sei, und die staunenden Verwandten hätten ihm zugehört, ohne recht zu verstehen, was er ihnen da erzählte.

Und dem Heimkehrer, so der Neffe, der Erzähler, sei alles ein wenig fremd erschienen im neuen Deutschland, auch die Stadt, die Leute, und von Erinnerungen sei ihm nur eine geblieben, nämlich die, als eine Unterbaldinger Tante beerdigt wurde und er, da war er vielleicht zwölf oder dreizehn, sich aus der Trauergesellschaft davonschlich und zum ersten Mal allein durch den Unterhölzer Wald zog, aus dem er nicht mehr herausfand. Seltsamerweise habe er keine Angst gehabt, er sei sich absolut sicher gewesen, wieder aus dem Wald herauszufinden, und dieses Gefühl der Sicherheit habe ihn auch in den Wäldern Südamerikas nie verlassen.

Noch bevor der Winter hereinbrach, habe er dann seine Sachen gepackt. „In dieses Land kommt man nicht mehr richtig rein und nicht mehr richtig raus", soll er seiner Schwester erklärt haben. Der Schwager fuhr mit ihm zum Flughafen nach Zürich; er war es auch, der später die Meinung vertrat, dass es die Farnwälder waren, die den Schwager nach Deutschland geführt hätten, und jetzt glaubte man auch zu verstehen, warum dieser andauernd mit seinen Karten und Messtischblättern herumgereist war und die Forstämter, die Behörden und sogar das Bundesamt in Atem gehalten hatte. Die Farnwälder, die er hatte pflanzen wollen, vielleicht auf der Alb, auf der Baar oder im Engadin. Doch als ihn der Schwager beim Abschiednehmen danach fragte, soll er geantwortet haben: „Ich wollte die Sonne über der Lagalp noch einmal aufgehen sehen." Dies die Geschichte, wie sie in der Kneipe in der Färberstraße zu hören war, und von der keiner so recht wusste, was er davon halten sollte.

Aus einer Familienchronik

Einen Teil seines Lebens hat Alfred Schey damit zugebracht, mit Hilfe von Fürstenbergischen Akten und Kirchenbüchern, Heirats- und Teilungsbriefen, Urbaren und Prozessakten, familiengeschichtlichen Aufzeichnungen und mündlicher Überlieferung dem Leben seiner Vorfahren nachzugehen und sie zu einem zweiten Leben zu erwecken, einem Leben, das in der Erinnerung besteht.

Alle stammen sie aus Riedöschingen, am südöstlichen Baarrand gelegen, wo sie seit Anfang des 16. Jahrhunderts bodenständig waren. Da ist die Rede vom natürlichen Ablauf des Lebens in der Großfamilie, von Geburten, Heiraten und Tod, von Erbschaft, Heiratsgut und Familienstand, von Grundstückskäufen und vom Bauen, von Zehnten, Zinsen, Gülten und Strafgeldern, von Viehpreisen und Hennengeldern, und alles, scheint es, hat seine Ordnung.

Doch dann fasst Veit Schey zu Beginn des neunzehnten Jahrhunderts, nachdem die Sippe dreihundert Jahren in Riedöschingen gesiedelt hatte, den Entschluss, auf den Schabel überzusiedeln, und keiner weiß so recht, warum. In Veits Übersiedlungsantrag ist vage von großem Nutzen und

Vorteil für die Nachkommen die Rede, aber vielleicht ist es einfach der Wunsch nach Veränderung, der Wunsch, einen neuen Anfang zu suchen, der dem bis dahin so gleichmäßig dahinfließenden Leben eine neue Richtung geben soll. Steine zum Bauen gibt es am Ort, den Kalk liefert die Standesherrschaft aus der Ziegelhütte zum halben Preis.

„Der Planfertiger", heißt es in der Chronik, „will das Haus mit der Front nach Süden stellen, doch Veit wollte nach seinem Heimatort schauen, worauf ihm bedeutet worden sei, lieber gleich in Riedöschingen zu bleiben, wenn er Angst vor Heimweh habe."

Veit scheint mit dem Heimweh zurechtgekommen zu sein; Gefühle dieser Art wären auch nicht hilfreich für einen, der entschlossen war, etwas Neues aufzubauen. Noch im Jahr der Umsiedlung steht das Haus mit Stallung und Scheune, ein Jahr danach sind Kraut- und Obstgarten angelegt, ein Bienenhaus wird erstellt, und Schwalben ziehen in die Scheune ein. Auch die Wasserversorgung wird gesichert, der Fahrweg verbessert. Die Familie vermehrt sich, die Ernten sind gut, und Veit baut eine weitere Scheuer, um die Frucht unterzubringen, und baut einen zweiten Schabelhof. Fruchtbare Jahre. Und irgendwann baut sich der alternde Patriarch sein Leibgedinghaus, teilt die Liegenschaften unter die beiden ältesten Söhne auf und begibt sich auf die Lobunddankwallfahrt nach Leipferdingen, von der er als todkranker Mann zurückkehrt.

Ein dritter Schabelhof wird gebaut, da ist die Zahl der Leute auf dem Schabel schon auf dreißig gestiegen, und das Leben geht seinen gewohnten Gang. Reiche Jahre wechseln mit mageren Jahren, Friedensjahre mit Kriegsjahren, und immer wird neu gebaut oder hinzugebaut, wird ausgesät und geerntet, wird an die beiden ältesten Söhne übergeben und an die Geschwister ausbezahlt, und die Alten bekommen ihr Leibgeding, und die Jungen sorgen dafür, dass der Clan nicht ausstirbt.

Dann fällt einer aus dem Rahmen, steigt nach oben, wird Oberamtmann und scheitert am Ende an der badischen Revolution. Diesem, Johann Baptist Schey, fällt Gustav Struve, neben Hecker der zweite Große der badischen Revolution von achtundvierzig, in Säckingen in die Hände, was den Oberamtmann in ein Dilemma bringt. Er muss von Amts wegen für Ruhe und Ordnung sorgen und die Revolution bekämpfen, auf der anderen Seite fordern „die freiheitlich gesinnten Bürger Säckingens" die sofortige Freilassung Struves und „drohten im Weigerungsfall ihn mit Gewalt zu befreien". Der Oberamtmann gibt nach, und Struve wird freigelassen mit der Auflage, „sich sofort in die Schweiz zu begeben." Darauf „ordnet die badische Regierung eine strenge Untersuchung der Angelegenheit an." Schey erhält „einen strengen Verweis", muss die Kosten der Untersuchung bezahlen, wird nach Engen strafversetzt und „auf mehrmaliges Ersuchen 1861 zur Ruhe gesetzt." 1886 stirbt der desillusionierte Schey, auf dem alten Friedhof in Freiburg ist sein Grab.

Und noch einer aus der Sippe, Severin Schey, geht seinen eigenen Weg, sucht als Bierbrauer sein Glück in der Neuen Welt. Die Chronik berichtet von einer Ehe, zwei Söhnen (von denen einer mit 14 Jahren stirbt), von Deutschlandbesuchen und einer wertvollen Krawattennadel, die der Auswanderer seinem Vater schenkt. Severin Schey scheint sein Glück gemacht zu haben, doch dann verunglückt er und bleibt gelähmt bis zum Ende seiner Tage, die er in Bitterkeit verbringt.

Intensiv befasst sich Alfred Schey, der Chronist, mit dem Leben des Vaters Albert Schey, beschreibt mit Feingefühl ein Leben, das einen so guten Anfang nimmt und so leidvoll endet.

In dessen letztem Volksschuljahr besucht der Kreisschulrat die Schule, will wissen, ob jemand von der Klasse die Kaiserproklamation von 1870, im Schloss von Versailles verkündet, aufsagen kann. Der junge Albert kann. Er ist nicht nur der einzige in der Klasse, der die Kaiserproklamation aufsagen kann, er kann sie auch mit solcher Begeisterung aufsagen, dass der Kreisschulrat ihn belobigt und zum Lehrberuf empfiehlt. Und so wird aus dem Schabelhofjungen, der für ganz anderes vorgesehen war, zum Erstaunen aller ein Lehrer, der erste, den das Geschlecht hervorbringt.

Mit der gleichen Begeisterung, mit der er die Kaiserproklamation von 1870 aufsagte, übt Albert Schey trotz kümmerlicher Besoldung seinen Lehrberuf aus, steigt schon nach fünf Jahren zum Hauptlehrer auf, zieht ins Unterland, heiratet, und alles weist auf ein erfülltes Leben hin. Doch dann verliert er seine Frau nach zehn Jahren Ehe, und er heiratet gleich wieder, weil er glaubt, ein Unglück durch ein neues Glück ausgleichen zu können. Er bekommt einen Sohn, doch der Sohn stirbt an Scharlach, und die Frau, mit der er das glückliche Leben fortsetzen will, wird schwermütig, und Albert Schey, dem die Zeitgenossen einst Frohsinn und Heiterkeit bescheinigten, spürt schwankenden Boden unter den Füßen. „Schwere Stunden!" zitiert der Chronist aus dessen Aufzeichnungen. Er unternimmt alles, um die Frau, ohne die er nicht leben will, aus dem Dunkel zurückzuholen, in das er selbst zu fallen droht, bringt sie zur Behandlung in die psychiatrische Klinik nach Heidelberg und am Ende, als nichts mehr hilft, in die Heil- und Pflegeanstalt Wiesloch. Das Schlimmste: mitanzusehen, wie die Nichtzuheilende sich dem Schicksal entgegenstellt, es nicht annehmen will, weil es unannehmbar ist. An einem Sonntag erlöst sie der Tod, ein Jahr darauf folgt er ihr nach.

Sohn Alfred, 1886 in Waldhausen bei Bräunlingen aus erster Ehe geboren und Chronist der Familiengeschichte Schey, wird Lehrer wie sein Vater, kämpft während des 1. Weltkriegs in Flandern, verliert im 2. Weltkrieg durch einen Fliegerangriff seinen Hausrat, ist zuletzt als Studienrat in Freiburg tätig und geht 1950 in Ruhestand. Rund zehn Jahre zuvor hatte das 3. Reich seinen Sohn Johannes Otto ins Wehrertüchtigungslager Herrenalb geholt, zur Nachrichtenausbildung in die Wehrmacht, zu einer Landeschützenformation ins Elsass, in die Bunker bei Kehl zur Abwehr des heranrückenden Feindes, wo er in Gefangenschaft geriet, und, als er nach Hause kam, nach schlaflosen Nächten beschloss, etwas zu tun, was kein Schey vor ihm getan hatte, Theologie zu studieren, und dies, weil er vielleicht meinte, von der diesseitigen Welt genug erfahren zu haben.

Blumberg

Ein Morgen im August, kühl, feucht, dunstig. Die breite, fast menschen-
leere Hauptstraße, die den Ort durchzieht, der Handwerkerplatz eine Art
Ortszentrum mit Schleckerladen, Quick-Service, Stadtbücherei, Friseur-
salon „Scharfe Schere" und der Kleider- und Möbelkammer des NKD.
die Hauptstraße weiter unten mit der Geschäftsstelle des Südkurier mit
ausgelegten Lokalseiten („Blumberg erlebt Einwohnerschwund"), die
alt-katholische Christuskirche, die Post.

   In einer Seitenstraße die römisch-katholische St. Andreaskirche, riesiger Innenraum, der Gekreuzigte im Altarraum so klein, dass man ihn
fast übersieht, statt eines Altars drei verschiedenfarbige Styroplatten und
an Stelle des Altartischs ein Tisch mit Moos, Bildchen, kleinen Baste-
leien, Kinderkram. Ich frage die umherhuschende Mesmerin, warum
die Kirche so groß sei und Jesus so klein, und die Mesmerin setzt sich
neben mich in die Kirchenbank und erzählt vom spätberufenen Pfarrer,
der hier des Amtes waltete und auch schon wieder gegangen sei, erzählt
von seinem Vorgänger, der auch ein Spätberufener war, aber nicht ganz
so spätberufen, und davor der Nichtspätberufene, der achtzehn Jahre hier

zuhause war und es nicht fassen konnte, dass der Herr ihn abberufen musste, weil er Krebs hatte, und wie er es nicht über sich brachte, an dem Ort zu sterben, wo er einmal zuhause war. Wenn die freundliche Mesmerin aufsteht, um sich wieder an die Arbeit zu machen, vergisst sie nicht, mir die nahe evangelische Kirche aus Glas zu empfehlen.

Die evangelische Kirche aus Glas ist geschlossen, wie das bei evangelischen Kirchen üblich ist, und ich steige die paar Meter zum Friedhof am Fuß des Buchbergs hoch. Der Friedhof, am Hang gelegen, ist ein Friedhof wie jeder andere, wären da nicht diese Kreuze mit ihren geschwungenen Querbalken aus dunkelgebeiztem Holz mit handgeschriebenen Namen. Vor einem dieser Kreuze eine weißhaarige Frau mit Brille, die die rote Begonien auf dem Grab gießt und die ich nach diesen eigenartigen Kreuzen fragen könnte, wäre sie nicht so sehr mit dem Gießen ihrer Begonien beschäftigt.

Die Hauptstraße, der Gänselieselbrunnen, das Kriegerdenkmal, Wohnhäuser am Ende der Straße, die einmal Bauernhöfe waren, in einem Stehcafe zwei junge Frauen, die sich flüsternd über irgendetwas unterhalten, das vielleicht nicht unwichtig ist, ein älterer Mann, der mir von einer Fernsehsendung mit dem silberhaarigen Altkanzler und dessen Visionen erzählt, bis ich ihn bitte, damit aufzuhören.

Blumberg, zwischen Eichberg und Buchberg gelegen, nahe der schweizer Grenze (bei klarer Sicht kann man angeblich vom Eichbergstutz die Eisriesen des Berner Oberlands sehen), hat um die 10 000 Einwohner, drei Kirchen, eine Postagentur, ein Fundbüro, einen Flugplatz, ein Dienstleistungs- und Einkaufszentrum, das weltweit größte Ventilwerk, vier Naturschutzgebiete, eine Zierfischeimportfirma, Europas modernste Taschentuchweberei, eine Straußenfarm. Besondere bauliche Sehenswürdigkeiten gibt es nicht. Gibt es eine Geschichte? Es gibt eine Burg-Geschichte, eine Geschichte der Herren von Blumberg, den Namensgebern des Ortes, eine Geschichte des von ihnen gegründeten Marktfleckens Blumberg, der, wen wundert's, irgendwann in die Hände der Fürstenberger überging.

Dann gibt es noch eine Bergbaugeschichte, die mit der Entdeckung von Erzvorkommen in der zweiten Hälfte des 17. Jahrhunderts begann. Das Erz, das hier gefunden wurde, wurde in Hammereisenbach und

Bachzimmern verarbeitet, bis Abbau und Verarbeitung nicht mehr rentabel waren. Ein neuer Anlauf wurde in den dreißiger Jahren des letzten Jahrhunderts genommen und die Doggererz-AG wurde gegründet, und es wurde gebohrt, gesprengt, gegraben, und die Bevölkerung wuchs aufgrund der Zuwanderung der Arbeiter auf das Zehnfache an, und das Dorf wurde zur Stadt, und als der Krieg kam, war die Buddelei auch schon wieder zu Ende. Der Blumberger Bergbau brachte für kurze Zeit Arbeit und Auskommen und hinterließ genormte Häuser und ein einförmiges Stadtbild. Bernhard Prillwitz hatte zur 750 Jahrfeier 2011 die Blumberger Doggererzbergbaugeschichte für eine Ausstellung in der Stadthalle aufgearbeitet, in der Bilddokumente, Originalschriftstücke, Urkunden, Werkzeuge, Schaufeln, Bergbaulampen, eine Lore und Fossilien aus den Doggererzschichten zu sehen waren.

Und dann ist da noch ein Museum, das Eisenbahnmuseum am Bahnhof Blumberg-Zollhaus, ein Museum der Geschichte der einstigen sogenannten strategischen Bahn, Ende des vorletzten Jahrhunderts auf Betreiben der Reichsregierung gebaut und 1976 nach hundert Jahren stillgelegt. Das Museum im ehemaligen Güterschuppen, konzipiert und eingerichtet u. a. von den beiden Lehrern Bernhard Prillwitz und Dietrich Reimer, zeigt das originalgetreue Büro des Bahnhofvorstehers mit Schreibtisch und Kanonenofen, zeigt historische Fahrkarten und tragbare Feldtelefone, Signallaterne und Schienensäge, Scherengitter und Schneeflug, Originalpläne und Detailzeichnungen, Modelle und Fotos zur Geschichte der Bahn. Im Außenbereich gibt es eine dahinrostende Lok zu sehen, einen Dreiwagenzug mit Zugrestaurant, das Reiterstellwerk, damals die Schaltstelle eines Bahnhofs, in dem man, falls man Lust hat, hochsteigen und die Stellhebel „bedienen" darf, falls man kann.

Heute fährt eine beliebte Museumsbahn, wegen der kurvigen Streckenführung auch „Sauschwänzlebahn" genannt, die gleiche 26 km lange Bahnstrecke von Blumberg-Zollhaus nach Weizen, durchfährt den in Deutschland einzigen Kreiskehrtunnel, überquert Brücken und Viadukte, fährt vom Mai bis in den Oktober, Fahrzeit 1 Stunde.

Der späte Mittag ist wie der frühe Morgen, kühl, doch weniger dunstig. Das Restaurant „Stellwerk" gegenüber dem Bahnhof ist in der Saison meist gut besucht. Überdachte Sonnenterrasse, ein Mirabellenbäumchen, ein kleiner Springbrunnen, Touristen an den Tischen, die gerade von einer Fahrt mit der Dampfbahn zurückkommen und sich fragen, was der Tag noch Schönes für sie bereithält.

Amtenhauser Tal

Der Öfinger See, Erlen und Birken, die Hütte des Anglervereins, das begeisterte Gezwitscher in den Bäumen, der sonnige Weg ins Tal, von dem Victor von Scheffel schwärmte: „Willst du einmal die stürmende rauschende Welt der Gegenwart vergessen, so wandre durchs Amtenhauser Tal!". Oder Gerhard: „So könnte es weiter gehen bis zum Ende der Welt." Das Tal, eingerahmt vom Osterberg im Osten und der Öfinger Hau im Westen, ein schmales Sträßchen, das nach Zimmern ins Donautal hinunterführt, saftige Wiesen und trockene Osthänge, auf denen es im unteren Teil des Tals im Mai und Juni die Baarprinzessin, das seltene Reckhölderle mit ihren lachsroten Blüten zu sehen gibt.

Ein Tal, das so abgelegen und einsam daliegt und doch immer besiedelt war, weil die Abgelegenheit Schutz und Ruhe versprach. So scheinen auch die hundert frommen Benediktinerinnen gedacht zu haben, die sich, vom Mutterkloster St. Georgen kommend, hier niederließen und ihr Kloster im Tal zu einem der bedeutendsten Klöster auf der Baar machten. Das war im hohen Mittelalter, als sich Kaiser und Papst bekriegten und das Rittertum blühte. Die Gründung des Klosters war auf

Initiative des Abts von St. Georgen erfolgt, und unter strenger Kontrolle von St. Georgen blieb auch das Frauenkloster. Später geriet es unter den Einfluss der Wartenberger, dann der Fürstenberger, die sich auch in dieser Region breitmachten. Der Verwalter (Propst), der sich um die wirtschaftlichen und rechtlichen Belange des Kloster kümmern sollte, war ein Mann der Fürstenberger, und schließlich unterstand Amtenhausen ganz der Landeshoheit Fürstenbergs. Das Kloster gedieh, die Zuwendungen (Schenkungen, Stiftungen) hörten nie auf, der Grundbesitz nahm zu (vor allem auf der Baar, aber auch in der Schweiz, im Hegau und am Bodensee), und damit stiegen auch die Einkünfte, und der Gott, der auf Amtenhausen herabschaute, war ein wohlwollender Gott – bis das Unheil hereinbrach.

Im Tagebuch des Michael Gaisser, Abt der Benediktinerabtei St. Georg zu Villingen von 1627 bis 1655, wird das Kloster Amtenhausen oft genannt, weil der Abt immer wieder gerufen werden musste. Denn der Dreißigjährige Krieg wütete, der inzwischen auch im Amtenhauser Tal angekommen war. Das Kloster wurde dabei immer wieder von der Soldateska – Schweden, Württemberger, Franzosen, Bayern, Kroaten – heimgesucht, so dass man sich wundert, dass das Kloster am Ende überhaupt noch existierte. Und dann der verzweifelte Abt, der immer wieder nach Amtenhausen reitet und Gott und die Welt nicht begreift („Unbegreiflicher Gott!" „Sonderbarer Zustand der Welt"). So kommt es, dass der Leser des barocken Huiundpfuiderwelttagebuchs des Abts das Amtenhauser Tal immer mit Abt Gaisser in Verbindung bringt, mit seinen Ritten dorthin, seinen Verhandlungen, seinen Tröstungen. Das Elend nahm auch nach dem Dreißigjährigen Krieg kein Ende, denn die Kriege gingen weiter, und immer litt das Kloster unter Plünderungen, Einquartierungen, Requisitionen, und es überlebte sie erstaunlicherweise oder eben doch mit Hilfe eines gnädigen, wenn auch etwas rätselhaften Gottes.

Auf unserem Weg ins Amtenhauser Tal hinab halten Gerhard und ich zum ersten Mal am Talhof an, der im Besitz des Klosters war und heute aus drei Höfen besteht. Fetzers Hof, der aus Wohnhaus, Stallung und Schopf besteht, ist in Familienbesitz seit 1934, als der Großvater Fetzer den Hof von der Landsiedlung erwarb, die ihn wie auch die Amtenhauser

Höfe von Fürstenberg gekauft hatte. Während die mächtige Stallung mit Stufengiebel aus dem Ende des 19. Jahrhunderts stammt (wie auch der Brunnen nebenan mit dem stolzen Kaiseradler), ist, so wird uns erzählt, das Wohnhaus mit seinen hohen Innenräumen noch aus dem 17. Jahrhundert, wenn auch leicht umgebaut. Fürstenbergisch bis auf den heutigen Tag sind die Wälder ringsum.

Vor den Hof nebenan schneidet eine Frau Rosen. Wir schauen ihr zu. Wir schauen ihr zu, weil uns die Art ihres Schneidens auffällt. Gerhard, der nicht wagt, ein Bild zu machen, weil er fürchtet, sie beim Schneiden zu stören. Wer sich mit Rosen abgibt, muss eine besonders ruhige Hand haben, sagt die Frau.

Ein halbe Gehstunde weiter unten im Tal liegt das einstige Klosterareal von Amtenhausen, heute zwei Höfe und ein Wohnhaus oberhalb der Höfe. Wilhelm Reifenschweiler bewohnt einen der beiden Höfe zusammen mit Tochter und Sohn. Er ist einundachtzig, man sieht ihm das Alter nicht an. Er hat sich immer für die Geschichte des Klosters interessiert und auch einiges gesammelt aus Zeitungen und Zeitschriften, was die Geschichte des verschwundenen Klosters angeht. Danach ordnete das Erzbistum Freiburg Mitte des 19. Jahrhunderts die Entweihung (Exsekration) der Klosterkirche an, und da die Fürstenberger die hohen Unterhaltskosten für die Klostergebäude fürchteten, die ihnen bei der Säkularisierung überlassen worden waren, wurden sie abgerissen, da lebten gerade noch drei Klosterschwestern.

K. S. Bader vergisst in seinen „Rechts- und wirtschaftsgeschichtlichen Untersuchungen" zum Kloster Amtenhausen nicht, die „bemerkenswerte Eiligkeit" zu erwähnen, mit der das „Kloster- und Kircheninventar" verteilt wurde. Nur das Verwaltergebäude (Prioratsgebäude) blieb von dem umfangreichen Gebäudekomplex aus irgendeinem Grund stehen, und es steht immer noch, ein dekorativer, gut erhaltener, vierstöckiges Bau mit Garten, bewohnt von einem pensionierten Arzt und Lebensgefährtin. Der Komplex ist streng abgeschlossen, und es ist nicht möglich, einen Blick in das Hausinnere zu werfen. (Ein paar Wochen danach, als wir wieder im Amtenhauser Tal sind, kommen wir mit der Lebensgefährtin ins Gespräch, als sie gerade den Rasen mäht und sich später über den

Zaun hinweg über die Gefahr der Zecken und die Bedeutung des kreativen Schaffens auslässt).

Wilhelm Reifenschweiler hat schon lange den Hof, den er von seinem Vater übernommen hat, seinem Sohn übergeben, der das Feld umtreibt und von Kommunalarbeiten lebt (Hackschnitzelei). Arbeit bleibt dem alten Reifenschweiler, der auch mal Gemeinde- und Ortschaftsrat war, immer noch genug wie Aufräumen, Reparieren etc. Dann ist da noch die Schnapsbrennerei, Williams, Schwedenbitter, Zwetschge (im letzten Winter hat er 2700 Liter Williamsmaische gebrannt), und während wir von seiner 42-prozentigen Weinhefe probieren, lassen wir uns von ihm berichten, wie viel Maische wie viel Alkohol ergibt, wie man wie er so unbeschadet alt wird („Immer schaffen"), was gegen Arthrose und Trübsal hilft, und wie es kam, dass ein armes Bauernmädchen aus Hintschingen zur „Hochwürdigsten Gnädigen Frau Maria Chunegundis Schilling von Amtenhausen" wurde, also zur Äbtissin, der letzten in der 900-jährigen Geschichte der Abtei.

Auf dem Weg zum Amtenhauser Berg hinauf machen wir Rast, überdenken das Gehörte, bewundern die aufrechten, in den Himmel ragenden Buchen und fragen uns, warum gerade dieser oder jener markierte Baum gefällt werden muss. Auf dem Osterberg kreuzen vor uns zwei dunkelfarbige Rehe den Weg, was Gerhard etwas irritiert: „Warum kreuzen die immer von rechts nach links den Weg, was hat das zu bedeuten?" Der lange Waldweg, die Weghinweisschilder nach Bachzimmern, nach Ippingen, nach Öfingen, Gerhard, der mich über die Netzwerke von Managern und die organisierte Kriminalität in den Chefetagen aufklärt und dem beim Anblick einer schlanken, entwurzelten Buche Rilkes Verse auf den Tod einer Tänzerin einfallen, während es wieder ins Tal hinabgeht, dem Öfinger See entgegen.

Aus der Geschichte der Baar
—
Die Juden auf der Baar

In der alten Landgrafschaft Fürstenberg gab es nur vereinzelt Juden, so in Villingen, Bräunlingen, Donaueschingen, Geisingen. Sie waren keine Vollbürger, zahlten Schutzgeld und genossen damit einen gewissen Schutz und eine Sicherheit, die gar nicht so sicher war.

Dass so wenige Juden sich auf der Baar ansiedelten, lag an der Abgelegenheit und am Fehlen von größeren Städten. Es lag auch an feindseligen Ge- und Verboten („dem gemeinen Nutzen und seinen Untertanen zu Gutem"), auf die Franz Karl Barth in seinem Artikel über die Juden auf der Baar hinwies, erschienen in der Zeitschrift „Die Heimat" vom 25. 6. 1932. Unsicher für die Juden war das Leben im 16. Jahrhundert, als man sie, „die schädlich, arglistigen Juden", aus Städten vertrieb, und der Zug aufs Land begann und man von Landjuden sprach, die ihre Geschäfte vor allem im Viehhandel machten. Noch Ende des 18. Jahrhundert kam es zu antijüdischen Verordnungen und Maßnahmen von oben, so, als zum Beispiel Fürst Joseph Maria Benedikt, ein Liebhaber der

Künste, „die Handelsjuden aus seinem Gebiet ausschaffen ließ, um der Schädigung des Volkswohlstandes durch Wuchergeschäfte vorzubeugen" (G. Tumbült, Das Fürstentum Fürstenberg).

Eine vorübergehende Beruhigung erfolgte nach dem Dreißigjährigen Krieg, doch erst im 19. Jahrhundert kann man von einer Normalisierung der gesellschaftlichen Stellung der Juden auf der Baar wie in ganz Deutschland sprechen als Folge der Aufklärung und der Französischen Revolution. So erhielten die Juden im Großherzogtum Baden 1808 das Niederlassungsrecht, 1849 den Zugang zum Staatsdienst und 1862 die rechtliche Gleichstellung, was zu einer zunehmenden Ansiedlung in Baden und damit auch auf der Baar führte und 37 Jahre später zur Anerkennung der jüdischen Religionsgemeinschaft.

In Donaueschingen hatte sich Mitte des 17. Jahrhunderts eine größere Gruppe von Juden niedergelassen, die meisten trugen den Namen Weil. Einer von ihnen, Samuel Weil, gewann, wie Barth schreibt, die Gunst des damaligen Fürsten Anton Egon und erwarb das Eisen- und Tabakhandelsmonopol. Doch schon der fürstenbergische Nachfolger, Fürst Joseph Wilhelm Ernst, zwang die Juden 1743 zum Verlassen des Fürstentums. Die allgemeine Unsicherheit zeigte sich auch in der persönlichen Beziehung zum Fürsten wie etwa in der Beziehung zwischen Fürst Joseph Wenzel und dem Juden Regensburger. Joseph Wenzel war zunächst begeistert von Regensburgers Plänen der Umgestaltung des Fürstenbergischen Staates, distanzierte sich aber später unter dem Druck des Kanzlers und ließ den Vertrauten schließlich ganz fallen. Hundert Jahre später hatte die Zahl der jüdischen Bewohner in Donaueschingen dann doch erheblich zugenommen, die sich zur Synagogengemeinde in Randegg bekannten und im Geschäftsleben der Stadt eine wichtige Rolle spielten.

In der Nachbarstadt Villingen bestand schon im Mittelalter eine jüdische Gemeinde, die unter der Verfolgung von 1348/49 zu leiden hatte, 1510 geschah die offizielle Ausweisung aus der Stadt. Im 19. Jahrhundert erfolgte auch hier eine stärkere Zuwanderung, vor allem aus Randegg und Gailingen. 62 Personen waren es um 1900 (J. Hahn, Erinnerungen und Zeugnisse jüdischer Geschichte in B.W.), es gab einen Betsaal in der Gerberstraße, ein jüdischer Lehrer aus Randegg unterrichtete die jüdischen Kinder. Eine eigene Schule, einen Rabbiner gab es nicht. Die Villinger Juden betrieben u. a. ein Kaufhaus, zwei Textilgeschäfte, drei Viehhandlungen, der Rechtsanwalt Schloss war lange Jahre Stadtverordneter, und der Kaufmann Lion sogar Vorstand des Kriegervereins.

In diesen beiden Baarstädten scheint sich so etwas wie ein eigenständiges jüdisches Leben abgespielt zu haben, die Beziehungen zwischen jüdischen und nichtjüdischen Bürgern scheinen friedlich gewesen zu sein. Das Zusammenleben von jüdischer Gemeinde und nichtjüdischer Bürgerschaft, so Heinz Lörcher, Kenner jüdischen Lebens in Villingen, war gut, auch wenn es, wie überall, antisemitische Gefühle gab.

Der Antisemitismus ist bekanntlich keine Erfindung Hitlers und seines Systems, aber er war einer der Eckpfeiler der NS-Ideologie und Auslöser der Katastrophe, die nach '33 über die Juden hereinbrach. „Es begann mit den Boykottaktionen gegen jüdische Geschäfte im April '33, mit der Verteilung von Handzetteln „Die Juden sind unser Unglück", mit Ausschreitungen in der Reichskristallnacht, in der auch der Betsaal in Villingen demoliert wurde und in Donaueschingen Wohnungen jüdischer Bürger verwüstet wurden" (M. Bosch, Widerstand und Verfolgung 1933–45, Almanach 84) und endete in Festnahmen und Deportationen.

„Zweiundvierzig der Villinger Juden", so Bosch, „konnten auswandern, fünf von ihnen wurden jedoch später von der Gestapo in Frankreich wieder gefasst. Elf Villinger Juden wurden in die Pyrenäen-Lagerstadt Gurs deportiert, wo zwei starben. Fünf kamen in Auschwitz ums Leben, einer in Maidanek, zwei blieben verschollen, einer überlebte in Frankreich. Von den achtzehn Donaueschinger Juden gelang vierzehn die Auswanderung; zwei wurden nach Gurs deportiert."

Die „Nürnberger Rassegesetze zum Schutz des deutschen Blutes und der deutschen Ehre" von 1935 legalisierten Ausgrenzung, Diskriminierung, Enteignung und Verfolgung und führten zur ersten Emigrationswelle, weitere Emigrationswellen gab es nach der sogenannten Reichskristallnacht und vor Ausbruch des Krieges. Wer fliehen konnte, floh, wer nicht fliehen konnte, weil er kein Geld und keine Papiere hatte, wurde verhaftet und ins Internierungslager Gurs verschleppt bzw. ins Vernichtungslager Auschwitz. Nicht unerwähnt bleiben soll, dass es auch Menschen gab, die halfen, Unbekannte und solche, deren Namen uns erhalten sind, wie zum Beispiel die Ordensschwestern vom Heilig-Geist-Spital in Villingen oder das Netzwerk der Evangelischen Kirche in Schwenningen und die Vikarin Margarete Hoffer.

Immer wieder kehren jüdische Überlebende zurück in ihre alte Heimat, um über ihr Leben und Überleben zu sprechen, so Otto Schwerdt, ein Auschwitz-Überlebender, der die Worte der Majorin der Roten Armee bei der Befreiung aus dem KZ nie vergaß: „Der Krieg ist zu Ende, du brauchst keine Angst mehr zu haben", oder Joseph Haberer, der, in Villingen geboren, achtzig Jahre danach im Hoptbühl-Gymnasium auf die Frage, warum er nicht verbittert sei, zu antworten weiß: „Es hat keinen Zweck zu hassen." Er hätte auch sagen können, dass der Hass der Grund des Übels ist.

Geisingen

Die Altstadt, vor der neugotischen Kirche eine gespaltene Kugel mit Menschen, die sich an den Händen halten, auf dem Gebäude nebenan ein Storchennest mit drei Störchen, das Rathaus, das Gasthaus „Hecht", die alte Post von 1774 (einstige Thurn-und-Taxis-Posthalterei), Geschäfte, die am Montag geschlossen haben, eine Arzthelferin, die Mittagspause macht, die Donau, Gespräche im Cafe Fischer über die Folgen der Schließung des Zementwerks, über die Wildschweinrotten in den großen Maisschlägen und Wäldern um Geisingen, denen die FF-Jagden scheinbar nichts anhaben können, über das Wetter und den ausbleibenden Regen.

Stille Kleinstadt mit melancholischem Charme. Sie hat – nach der Neubürgerbroschüre von 2010, die man im Rathaus von freundlichen Damen ausgehändigt bekommt – 2943 Einwohner (ohne die angegliederten Gemeinden), gehört politisch zum Landkreis Tuttlingen und geographisch zur Landschaft der Baar. Es gibt eine Grund- und Hauptschule mit Werkrealschule, ein Pflegeheim und eine Sozialstation, eine Anglervereinigung und eine Narrenzunft, eine Stadtmusik und eine Bläserschule, Sport- und Gesangvereine, ein Heimatmuseum gibt es nicht.

Aufgrund der günstigen Verkehrslage (B 31/33 und 311 sowie Autobahn Stuttgart – Bodensee mit Ausfahrt) und des Bauhandwerks hat Geisingen eine wichtige Funktion im Wirtschaftsleben der Ostbaar.

In der Broschüre ist auch einiges über die Stadtgeschichte zu lesen, mehr noch in August Vetters dicker Stadtchronik: Stadtgründung, Brände, Kriege, Hungersnöte, Auswanderungen, neue Kriege, Wieder-aufbau, Frieden – auch eine deutsche Geschichte.

Von den mittelalterlichen Gebäuden ist heute nichts mehr erhalten, das liegt vor allem an den Bränden. Der verheerendste Brand ereignet sich Ende des 15. Jahrhunderts, der die Stadt zu einem Großteil zerstört (in mittelalterlichen Städten wurden Brände wegen der verschachtelten Bauweise und des Holzbaus schnell zu Katastrophen), der Rest der Stadt wird der Sage nach nur dadurch gerettet, dass die Einwohner mit der heiligen Agatha, die einst sogar Lavaströme aufhielt, singend und betend durch die Stadt ziehen, um dem Feuer Einhalt zu gebieten.

Doch auch eine Art kurzes goldenes Zeitalter scheint Geisingen erlebt zu haben, als im 16. Jahrhundert die Stadt Regierungssitz der Fürsten-berger wird und das Handwerk blüht. Der Dreißigjährige Krieg, ein gesamtdeutscher Fluch, macht dem Wohlstand ein Ende (Abt Gaisser – „Der Mensch dem Menschen ein Wolf" – wird nicht müde, in seinen Tagebüchern von den Gräueln des Krieges zu berichten), verheerend auch die Napoleonischen Kriege, in deren Folge eine starke Auswanderung in die Donauländer, in die Schweiz und nach Amerika stattfindet. Die Revolution von 1848 findet wenig Resonanz, nachdem der Fürst noch schnell die Feudallasten abgeschafft hatte, bevor Friedrich Hecker mit seinen Freischärlern in die Stadt einmarschierte. Die nicht stattgefun-dene Revolution kostet die Gemeinde am Ende 14 466 Gulden, die sie für die Einquartierung der konterrevolutionären württembergischen, bayri-schen und preußischen Truppen zahlen musste, wie August Vetter im Ge-meindearchiv von Geisingen herausfand. Ein wirtschaftlicher Aufstieg erfolgt nach der Reichsgründung, als die Industrie in Geisingen einzieht und die Stadt an das Eisenbahnnetz angeschlossen wird, worauf nicht lange danach der nächste Rückschlag mit dem 1. und, noch schlimmer, dem 2. Weltkrieg erfolgt, der mit Fliegerangriffen auf die Stadt und der Plünderung an einem der letzten Apriltage endet.

Der Hausberg der Geisinger ist der westlich gelegene, eine knappe Gehstunde entfernte Wartenberg, 841 m hoch, aus hartem Basalt, einstiger Sitz der Wartenberger Herren. Nachdem die Wartenberger Linie ausgestorben war, verfiel die untere Burg, und aus der oberen Burg wurde ein fürstenbergisches Jagd- und Lustschlösschen mit Englischem Garten, von dessen Pracht der Sockel einer Säule übrigblieb; auch die „Eremitage", heute eine Hütte mit einem mechanischen Kapuziner, um die sich die Geisinger Ortsgruppe des Schwarzwaldvereins kümmert, erinnert daran, worüber der einstige F.F. Archivar Georg Goerlipp im „Fürstenbergischen Waldboten" von 1965 geschrieben hat.

Zu sehen gibt es heute noch den Tritschlerhof, die Villa (das ehemalige Lustschloss) eines betuchten Arztes mit Auffahrtssperre und kläffendem Wachhund, zwei weitere Gebäude und ein hoch aufragendes Kreuz, das an die „glückliche Heimkehr aus Krieg und Gefangenschaft" erinnert.

Das Schönste am Wartenberg ist der weite Blick in die Baar und über die Baar hinaus.

Bauernhöfe um Brigachtal

Der Birkenhof

Die Familie Korsch bewirtschaftet auf dem Gewann Froschberg in Kirchdorf/Brigachtal einen milcherzeugenden Betrieb von 150 ha Fläche. Den mittelgroßen Betrieb gibt es seit 1983, da zog Berthold Korsch mit seiner Frau Mechthild von Kirchdorf herauf auf die Höhe, weil er Platz brauchte, viel Platz für seine Ideen, seinen Tätigkeitsdrang, baute Wohnhaus und Stall, pflanzte zwei Birken und nannte das neue Zuhause Birkenhof. Dann kaufte er Vieh und führte die Milcherzeugung fort, die er unten im Dorf begonnen hatte, jetzt in größerem Umfang.

Damals gab es noch etwa 15 Höfe in Kirchdorf, heute ist er in Kirchdorf der einzige Vollerwerbslandwirt zusammen mit seinem noch jungen Sohn Philipp. 80 Kühe mit Nachzucht, Schwarzbunte und Fleckvieh. Im Augenblick liegt der Preis bei 32 Cent (2011). Das ist zu wenig, um davon leben zu können, selbst wenn man das Schlachtvieh hinzurechnet.

So kam Korsch auf die Idee mit der Biogasanlage, die er vor etwa zehn Jahren auf seinem Hof einrichtete, um die sich vor allem Philipp kümmert und die, gespeist mit Gülle, Mist, Mais und pflanzlichen Nebenprodukten, eine Strommenge erzeugt, die ein Dorf mit zweieinhalbtausend Einwohnern versorgen könnte. Der grüne, weithin sichtbare Güllebehälter ist eine Art Wahr- und Kennzeichen des Betriebs.

Berthold Korsch ist nie stehen geblieben. Wachsen, Erweitern, Ausbauen. Für ihn ist die industrielle Landwirtschaft die einzige Möglichkeit zu überleben. Der Milchpreis ist zu niedrig, also muss der Kuhbestand höher sein, der Betrieb größer. Der Landwirt Korsch: immer aktiv, immer in Bewegung. Sechzehnstundenarbeiter in der Hauptarbeitssaison. Einer wie er hätte auch als Pionier und Farmer im Amerika des 19. Jahrhunderts sein Glück gemacht. Er wurde hineingeboren in seinen Beruf, die wachsende Freude kam später. Das Schönste am Beruf ist für ihn eine gewisse Unabhängigkeit, die Möglichkeit, neue Ideen umzusetzen, z. B. im Energiebereich. Im Grunde sieht er sich mehr als Unternehmer denn als Bauer.

Die Familie Korsch hat viel investiert in ihren Betrieb. Der Betrieb funktioniert, weil die Kooperation funktioniert. Jeder hat sein Arbeitsfeld, anders geht es nicht, meint Mechthild Korsch. Sie ist neben der Hausarbeit für die Büroarbeit zuständig. Dass bedeutet viel Arbeit, viel Stress. „Ohne Lust und Liebe schafft man das alles nicht."

Kühe, Kälber, Bullen sind nicht die einzigen Tiere auf dem Hof. Da schwirren Scharen von Spatzen durch die Luft, Füchse lungern manchmal um den Hof herum, und Krähen machen sich ans Silo, wenn man nicht aufpasst (eine tote Krähe am First kann die aufdringlichen Vögel für eine Weile abhalten).

Immer gibt es etwas zu tun. Großen Urlaub gibt es nicht. Steht man vor dem Hof, hat man über die Senke hinweg einen weiten Blick nach Osten, bei klarem Wetter oder Föhn kann man im Südosten die Schweizer Alpen sehen. „Die Alpen", sagt Berthold Korsch, „da will ich noch hin." Und die Zukunft des Bauernstandes? „Die jungen Frauen entscheiden, wie es weitergeht."

Der Hof der Familie Mink

Bernhard Mink bewirtschaftet zusammen mit seiner Frau Brigtte und seinem Sohn Stefan den Hof im Nachbarort Klengen / Brigachtal auf dem Gewann Kreuzacker (in den Semesterferien hilft auch Sohn Andreas mit). Der Betrieb umfasst eine Fläche von 70 ha, davon 3 ha Grünland, 67 ha Ackerland (Winterweizen, Triticale, Hafer, Wintergerste, Raps, Erbse und Ackerbohne). Die ganze Frucht, außer dem Raps, geht als Futter an die Schweine, wozu noch etwas Getreide aus dem Umkreis hinzu gekauft wird.

Der Betrieb ist ein Schweinezucht- und Mastbetrieb. Offensichtlich gutgenährte Schweine bevölkern die Ställe, die den Besucher begutachten. In einer Abferkelbucht eine Muttersau mit ihren zwölf gerade eine Woche alten, schlafenden Ferkeln. Um die hundert Zuchtsauen gibt es zu sehen, die im Durchschnitt vier Jahre bleiben.

Schweine. Nach Meinung der Menschen haben sie alle möglichen Laster, der Name sagt es schon, dabei sind Schweine den Menschen ähnlicher, als wir uns eingestehen (sie teilen mit uns 95 % der Gene), und inzwischen gibt es Menschen, die laufen sogar mit Schweineherzklappen herum. Das menschenähnliche Schwein als Ersatzteillager für Nieren, Herzen u. a. m. Trotzdem bleibt das negative Image des uns so verwandten Schweins. Da gibt es das Wort von der „faulen Sau" (in Wirklichkeit braucht sie eine längere Ruhezeit, wenn sie viel frisst), von der „geilen Sau" (sie ist fruchtbar) und von der „Drecksau" (die empfindliche Haut braucht Schlammkrusten, um Parasiten abzuwehren), und die „dumme Sau" gibt es schon gar nicht (nach einer US-Studie lässt sich ihre Intelligenz mit der von Primaten vergleichen).

Für Bernhard Mink, der seit über dreißig Jahren mit Schweinen zu tun hat und sich auskennt, sind Schweine hellwache, neugierige, aufmerksame Tiere, auch saubere Tiere, die sich streng an ihre Kotplätze halten.

Von halb sieben am Morgen bis zwölf am Mittag ist Fütterung, eine zweite Fütterung mit Kontrollgang erfolgt von sechs bis sieben am Abend. Viel Schweinearbeit. Bernhard Mink fährt die Schweine selbst zum Metzger. Das Problem sind die schwankenden Preise, und es gibt

Preisstürze, verursacht durch Skandale wie den Dioxinskandal, über den Mink aber nicht reden möchte.

„Lust auf Zukunft" hieß das Motto eines Kongresses in Pfaffenweiler, zu dem Landfrauen aus den Ortsvereinen der Baar kamen. Hat auch Frau Mink „Lust auf Zukunft"? Sie ist sich nicht so sicher. Da sind die hohen Belastungen, die Bürokratie, die Skandale, die fehlende Anerkennung, die Billigpreise. Bernhard Mink scheint optimistischer. Wachsen oder Weichen. Er hat sich für das Wachsen entschieden.

Der Gang übers weite Hofgelände. Es ist alles da, Ställe mit Laufbuchten, das große Getreidelager mit den Silotürmen, Futterküche mit Mischcomputer, Werkstatt, Maschinenpark.

Und die Hofhündin Jana.

Der Antonihof

Auf dem Antonihof zwischen Brigachtal und Bad Dürrheim wurden die 30 Kühe, Fleckvieh, Braunvieh, zum 31. Dezember trockengestellt. Obwohl die Tiere kein Kraftfutter erhalten, erzielte der Betrieb 2010 eine Milchleistung von durchschnittlich 6500 kg.

Seit 2008 bewirtschaften Christoph Trütken und seine Frau Birgit Strohmeier, beide Agraringenieure, den Antonihof, den sie von Birgit Strohmeiers Eltern übernahmen. Sie stellten auf Biolandbau um, bauten einen neuen Laufstall für 40 Milchkühe inkl. Nachzucht und errichteten eine neue Heubergehalle mit Getreidelager, die mit einer solaren Heutrocknung ausgestattet ist. Dabei wird die Trocknungsluft unter dem Photovoltaikdach abgesaugt und erwärmt sich bis zu etwa 10 Grad.

Weide und Heu heißt der Leitspruch für die Fütterung. Milch gibt es nur aus Grundfutter. Im Winter gibt es Heu, im Sommer sind die Tiere Tag und Nacht auf der Weide. Lediglich zu den Melkzeiten erhalten die Tiere im Stall Heu. Wird die Weide knapper, wird im Stall Grünfutter dazugefüttert. Durch die Abtrennungen am Fressgitter können die horntragenden Tiere (dass die Hörner dranbleiben ist Trütken/Strohmeier sehr wichtig) stressfrei fressen. Sechs Wochen Melkpause gibt es zwischen Anfang Januar und Mitte Februar.

Die Kühe kalben nur im Frühjahr, weil drei Kälber von einer Amme mit Milch versorgt werden, sie bleiben mit ihr bis zum Herbst zusammen. Als Ammen werden Kühe genommen, die nicht mehr gedeckt und später ausselektiert werden. Von Beginn an planten Christoph Trütken und Birgit Strohmeier, die Tiere auf saisonale Abkalbung umzustellen, denn sie sind überzeugt, dass dies am besten zum praktizierten System Vollweide passt.

60 ha umfasst der ganze Betrieb, 40 ha Grünland (Weideland), 20 ha Ackerland (Klee, Winterweizen, Roggen, Hafer, Dinkel, Kartoffeln). Dazu Heuscheune, Heubergehalle mit solarer Heutrocknung, Maschinenhaus, Hühnerstall (40 Hühner), der geräumige, helle Kuhstall mit breiten Gängen und großzügiger Tiefstreu, und im Zentrum das Wohnhaus.

Wie üblich auf den Höfen findet auch hier eine gewisse Arbeitsteilung statt in der Form, dass Christoph Trütken vor allem den Stall versorgt, während Birgit Strohmeier sich neben der Hausarbeit um die Kartoffeln kümmert, die Büroarbeit machen beide zusammen. Herr Strohmeier, der Schwiegervater, schaut nach den Hühnern und Äckern.

Der Antonihof ist, wie schon erwähnt, ein Biohof mit dem Bioland-Warenzeichen und den entsprechenden Vorgaben: Düngen mit Mist und Gülle, artgerechte Tierhaltung (Weide, Laufhof im Stall), keine Gentechnik, ökologischer Kreislauf (Kuh frisst Gras, aus Gras werden Milch und Mist, aus dem Mist wird durch Mistdüngen wieder Gras etc.). Im Vergleich zum Schwarzwald gibt es auf der Baar nicht viele Biohöfe, denn die Baar war immer eine Ackerbauregion, und Ackerbauern tun sich schwerer damit, auf Biohöfe umzustellen als Grünlandbauern.

Der gläubige Christ und grüne Gemeinderat Trütken geht auch mal über die Richtlinien hinaus und setzt sich selbst schärfere Richtlinien, wenn er es für angemessen hält, auch weil er gern Neues ausprobiert. Das Wohlergehen seiner Tiere bedeutet ihm viel, noch wichtiger, dass er bei aller Arbeit genügend Zeit für die Familie und sich selbst findet. Aus allem das Beste machen, auch im Unglück – seine Lebensphilosophie.

Im kleinen Selbstbedienungsladen gibt es neben Milch auch Eier, Quark und Käse zu kaufen, alles Bio.

Marion
—
Notizen aus dem ersten Leben

Sie, nennen wir sie Marion, stammt aus einem der Dörfer der Südbaar. Ihr Vater hatte eine kleine Landwirtschaft, war Mitglied im Gesangverein und sang am liebsten das Wolgalied, wenn er allein war. Sie half ein bisschen im Haushalt mit, besuchte die Realschule in Donaueschingen, bis sie genug hatte von Schule und Zuhause. Da war sie noch keine zwanzig. Sie fuhr hinunter nach Freiburg, bediente in den Cafés, arbeitete in einem Sonnenstudio, jobbte in einem Call-Center, bis sie erfuhr, dass ihre Mutter an Herzversagen gestorben war, und sie kehrte zurück in ihr Baardorf, um dem Vater den Haushalt zu machen. Dieser vernachlässigte nach und nach die Landwirtschaft und gab sie am Ende ganz auf. Er machte sich jetzt mit Bienen zu schaffen und sang ihnen sein Wolgalied vor, manchmal unter Tränen, so sehr rührte es ihn.

Da beschloss sie, eine berufliche Ausbildung zu machen, weil ihr klar war, dass sie ohne Ausbildung nie auf eigene Beine zu stehen käme. Sie wurde Krankenschwester wie ihre Patentante, denn Krankenschwestern waren gesucht, und in der Klinik in Donaueschingen bot man Lehrstellen an. Dort blieb sie auch nach der Ausbildung, gab Spritzen und Infusionen, überwachte Puls und Kreislauf, machte Nachtwachen und leerte Scheißhäfen, hörte im Kopfhörer Musik und genoss es, wenn ihr manchmal die Ärzte nachschauten. Sie ging nicht gern an jedes Krankenbett und wunderte sich, wie übel es Menschen ergehen konnte. Manchmal hatte sie auch mit Sterbenden zu tun, mit einem Mann, der im Halbschlaf den Namen seiner Frau mitsamt Telefonnummer unablässig vor sich hinmurmelte; mit einer Frau, die andauernd auf die Uhr starrte, als kenne sie die Zeit des Abgangs. Die seltsamste Geschichte, die ihr passierte, war die Geschichte mit dem Mann, der sterben wollte, nachdem seine Tochter gestorben war – und er starb wirklich. Er war fest davon überzeugt gewesen, dass seine Tochter auf ihn wartete, drüben.

Solche Erfahrungen brachten sie irgendwann dazu, sich nach einem anderen Job umzuschauen, nach etwas, was mit Leben zu tun hatte, und als man auf dem Öschberghof jemanden für den Wellnessbereich suchte, fackelte sie nicht lange, sagte dem Krankenhaus Adieu und zog zum Öschberghof hinauf. Sie bereute es nicht. Das Ambiente, das Flair, der Reichtum beeindruckten sie tief, und sie beschloss, so lange wie möglich in dieser Welt zu bleiben. Als einer der Hotelgäste sie einmal an ihrem freien Tag zu einer Fahrt in seinem Wagen einlud, sagte sie nicht nein, und sie war überrascht, dass der Mann, ein graumelierter Herr, der mit Versicherungen zu tun hatte, nichts anderes von ihr wollte, als dass sie mit ihm durch die Landschaft fuhr. Ein Fleischhändler aus dem Ruhrgebiet, ein etwas dickleibiger, großzügiger Mann, machte ihr ein paar Tage vor seiner Abreise ein Angebot, und bevor er den Öschberghof verließ, besuchte er mit ihr ein Schmuckgeschäft, wo sie sich einen vergoldeten Armreif aussuchen durfte. Dies waren gute Tage, und vielleicht hätte sie es bis zur Wellness-Abteilungsleiterin gebracht, wenn nicht gerade eine länger geplante, größere Personaleinsparung erfolgt wäre, und so packte sie ihre Sachen und ging.

Eine Weile tat sie nichts, besuchte die Cafés, ging samstags mit einer Freundin, die einen kleinen Blumenladen besaß, in die Disco. Einmal drückte ihr die Freundin den Schlüssel vom Blumenladen in die Hand.

In einer Woche sei sie wieder zurück aus dem Urlaub, spätestens. Sie musste ihr nicht viel erklären, sie kannte sich aus im Laden, und sie kümmerte sich so gut es ging um ihn. Dann war die Woche zu Ende, und von der Freundin war nichts zu sehen und zu hören, auch nicht nach der zweiten und dritten Woche, und sie verkaufte immer weniger Blumen, denn es war Sommer. Eines Tages, als sie vor der Auslage stand, die Blumen ordnete, die Topfblumen goss, blieb ein Mann mittleren Alters, schlank, dunkelhaarig, vor dem Laden stehen, sah ihr bei der Arbeit zu, und später wollte er eine von den langstieligen Sonnenblumen kaufen, erzählte, wie er in Ungarn bei einer Fahrt in Sonnenblumenfelder sah, die bis in den Horizont reichten, und so unterhielten sie sich eine Weile über Sonnenblumen und vielleicht auch noch über andere Blumen, bis er einen Blick auf die Uhr warf, zahlte und neben das Geldstück seine Visitenkarte legte, so, als wollte er damit sagen, dass man das Gespräch ja auch fortsetzen könne, wenn sie nur wolle. Und dann war er weg, und sie sah ihm nach, sah nach ihren Blumen.

Irgendwann hatte sie genug vom Warten auf die Freundin und auf Kunden, und so klebte sie einen „Vorübergehend Geschlossen"-Streifen über das Schaufenster, und am gleichen Abend rief sie den Mann mit der Sonnenblume an, ohne dass sich jemand am anderen Ende der Leitung vernehmen ließ. Sie versuchte es drei Tage lang, und am vierten putzte sie sich ein wenig heraus, zog ihre pinkfarbene Lackjacke an und fuhr nach Neustadt, wo er angeblich zuhause war. Er war nicht überrascht, sie zu sehen, vielleicht hatte er sogar auf sie gewartet. Das Zimmer war voller Sommerlicht, und an einem der Fenster stand in einer jadegrünen, schlanken Vase die Sonnenblume. „Schön", sagte sie und blieb.

Er arbeitete in einem Immobiliengeschäft, war viel unterwegs, mehr als ihm lieb war, denn er war ein eher ruhiger, häuslicher Typ, im Gegensatz zu ihr. Zu ihrem dreißigsten Geburtstag schenkte er ihr einen Kleinwagen, mit dem machte sie ihre Einkäufe oder fuhr nach Freiburg, einige wenige Male auch nach Zürich, wo sie einem jungen Mann über den Weg lief, der an der TH studierte und mit ihr nach Alaska wollte. Ihr gefiel der Mann, aber was sollte sie in Alaska? Als ihr eines Tages ihr Sonnenblumenliebhaber die Heirat vorschlug, weil ihm *eine* Liebe zu genügen schien, sagte sie nicht nein und nicht ja, weil sie sich nicht festlegen wollte und weil ihr das Leben so, wie es war, kommod genug erschien.

Doch irgendwann war sie sich nicht mehr so sicher, ob das *ihr* Leben war oder ob es einfach nur an ihr vorüberzog und ob sie sich nicht besser auf den Weg machte, vielleicht zu ihrem Freund, der nach Alaska wollte, oder zu wem auch immer. Es musste ja nicht gleich sein, doch zu lange warten durfte man auch nicht, das war man dem Leben schuldig, das, wie sie einmal in einem Magazin gelesen hatte, eine Art Erkundungstour war.

In einem der Neustädter Cafés beobachtete sie einmal einen jungen Mann, der saß allein am Nebentisch und schrieb in seine Kladde. Manchmal schaute er auf, als müsse er Luft holen, und schrieb weiter. Ein Mann vielleicht um die dreißig, unrasiert, gelockter Kopf, lockere Outdoorkleidung. Einmal kreuzten sich ihre Blicke, und sie wusste nicht, was aus seinem Blick zu lesen war. Dann steckte er die Kladde in die Jackentasche, seufzte und sagte, es sei ihm gerade so eingefallen, sprach, als seien sie miteinander schon eine Weile bekannt. Und sie: Was ihm denn eingefallen sei. Und er: Das Lied.

Und so lernte sie diesen Typ kennen, der mit seiner Band von Freiburg kommend durch die Gegend tingelte, in den Cafés Liedtexte schrieb und davon träumte, vielleicht einer wie Jim Morrison zu werden. Sie hielt nicht viel von dem, was er schrieb, sie hielt auch nicht viel von seinem Traum. Doch diese Art von Leben, die darin bestand, unterwegs zu sein, lockte sie, und sie sagte nicht nein, als er sie zu einem Konzert ins Jugendhaus einlud, das mehr einer chaotischen Probe glich, und sie sagte auch nicht nein, als man sie zur Konzertreise einlud, die eine Fahrt ins Ungewisse war, denn es gab keine festen Auftrittstermine, und man lebte von der Hand in den Mund. Es war nicht leicht, aber dann genoss sie die Freiheit, das Ungewisse, das Andere, und mit Schauder dachte sie an die geregelten, eintönigen, gleichmäßig verlaufenen Jahre, die hinter ihr lagen.

Sie waren zu viert, aber nur er interessierte sie, der gelockte Liedtexter und Sänger, mit dessen Liedern sie nichts anzufangen wusste, dafür

mehr mit seinen phantasievollen Zärtlichkeiten. Sie schliefen im um-
gebauten Wohnwagen, der ihnen gar nicht gehörte und in dem sie alle
Platz fanden mitsamt ihren Instrumenten, schliefen auch mal in einem
der billigen Landgasthöfe und einmal sogar im Freien. Sie kümmerte
sich um das Essen und half mit beim Organisieren der Auftritte, und sie
empfand mehr Mitleid als Begeisterung, wenn sie auftraten: es fehlte die
Professionalität. In Stuttgart löste sich die Gruppe auf, weil einer sein
Studium fortsetzen wollte und ein anderer von seiner Verlobten erwartet
wurde, und so zog sie mit ihrem Sänger und Liebhaber allein weiter. In
einem Ort im Nordbadischen fanden sie eine billige Wohnung, die bezahlt werden musste, und so nahm sie eine Gelegenheitsarbeit an, während er in den Cafés in seine Kladde seine Liedtexte schrieb, und wo er,
darauf kam sie erst später, seine Bekanntschaften machte. Sie genoss die
Liebesnächte mit ihm so sehr, dass sie bereit war, über einiges hinweg-
zusehen, auch als ihr klar wurde, dass sie nicht die einzige Frau war, die
die Liebesnächte mit ihm teilte.

Im Kino lernte sie an einem späten Sonntagnachmittag Husain bei
einem Film über Zugvögel kennen. Sie waren die einzigen im Kinoraum.
Nach dem Film ergab es sich, dass sie beide nebeneinander den Kinoraum
verließen, was natürlich kein Zufall war. Er ließ sie auch nicht aus den
Augen, als sie zum Ausgang gingen, wo er, wie nebenbei, die Worte fallen
ließ: „Ein Film zum Träumen, nicht wahr?" Und sie, überrascht über die
Bemerkung: „Zum Träumen wovon?" „Zum Träumen von dem, was uns
fehlt." Was uns fehlt? Meinte er vielleicht das Fliegen? Ihr gefiel diese
unklare, pathetische Art des Sprechens nicht, trotzdem ließ sie sich auf
ein Gespräch über den Film ein, das sie zur Straße hinausführte, und
als es nicht zu Ende gehen wollte, schlug sie kurz entschlossen vor, das
einzige Nachtcafé, das es gab, aufzusuchen, und ohne eine Antwort ab-
zuwarten, schlug sie die Richtung zum Nachtcafé ein.

Und während er sich dort in dieser etwas unklaren Art weiter über
den Film ausließ, betrachtete sie ihn genau, seine Augen, seinen schwarzen, gepflegten Gesichtsbart, seinen Mund, der nichts Falsches zu sagen
schien, und ihr gefiel, was sie sah, selbst seine Sprache gefiel ihr, zumindest störte sie sie nicht mehr. Mehr noch gefiel ihr die Ruhe, die er aus-

strahlte, die Ruhe des Starken, der sich seiner sicher ist. Später sprachen sie auch über anderes, sprachen über die berufliche Arbeit, über Vorlieben, über das Leben, sprachen wie zwei, die an diesem Abend nichts zu trennen schien. Wenige Tage darauf schickte sie ihrem Sänger eine Abschiedsmail. Ja nicht stehen bleiben, immer avanti!

Husain war ein paar Jahre jünger, studierte Informatik an der TH in Karlsruhe und interessierte sich für klassische Musik. Nach dem dritten oder vierten Treffen lud er sie zu einem Violinkonzert ein, und obwohl sie sich noch nie für so etwas interessiert hatte, ging sie mit. Sie ging wegen ihm mit, und sie täuschte sich nicht: er gefiel ihr wirklich. Was ihr gefiel, war diese ruhige, bestimmte, ja souveräne Art, mit der er mit der Frau von der Garderobe sprach, mit der er ihr den Mantel abnahm, mit der er seinen Platz einnahm, mit der er seine Freude zum Ausdruck brachte. In dieser Nacht ließ sie ihn zum ersten Mal in ihre Wohnung, und er blieb bis zum Morgen. Seitdem lebten sie fast wie ein Ehepaar, wenn auch getrennt.

Husain war Jordanier, in Deutschland geboren. Seine ganze Familie lebte in Deutschland. Nach einem guten halben Jahr bestand Husain darauf, sie seiner Familie vorzustellen. Vielleicht ein Dutzend Leute erwarteten sie, Eltern, Geschwister und wer auch immer, sie konnte sich die Namen ohnehin nicht merken. Es gab zu essen und zu trinken, und sie war überrascht, wie viel die Anwesenden zu essen und trinken imstande waren, ohne dass es ihnen auffiel. Es musste am jordanischen Lebensstil liegen. Neben Husain kümmerte sich besonders Husains Vater um sie, indem er darauf achtete, dass ihr Teller oder Glas immer voll war, und indem er ihr Komplimente machte. Auch erzählte er ihr mit Begeisterung von seinem Land, als lebte er immer noch dort, von Amman, der Hauptstadt, vom neuen Flughafen, von Trockentälern, Wadis genannt, und Gurkenplantagen, vom jordanischen Tourismus und den Stränden am Golf von Akaba. Er war ein mittelgroßer, etwas untersetzter Mann mit gütigem Blick. Er hatte ein Geschäft, von dem sie aber nichts Genaueres erfuhr. Er war die einzige Person, die ihr auffiel in dem Pulk von redenden, bewegten Personen. Die bewegteste Person war die Mutter, die sich um alles kümmerte und der anerkannte Mittelpunkt war. Man verabschiedete sie, wie man sie begrüßt hatte, mit Wortkaskaden, Küssen und endlosen Umarmungen. Husain fuhr sie nach Hause. Er, angeheitert vom Alkohol, redete und lachte mehr als sonst, sprach über die Leute, die sie an diesem Abend gesehen hatte und die sie nicht kannte, sprach auch über Sara, die die Eltern für ihn ausgesucht hatten, und er lachte, lachte über die Eltern.

Sie höre heute noch sein Lachen, sagt sie. Sie sagt: Seine bestimmte, entschlossene Art habe ihn irgendwann im Stich gelassen, die Mutter sei am Ende die Stärkere gewesen. Auch die Frau, die sie für ihn ausgesucht hatte, war stärker; sie hatte mehr zu bieten. Er schlich sich nicht davon, er fragte, was er für sie tun könne. Sie ist in den Süden zurückgekehrt, hat einen Arbeitsplatz in einer Fachklinik für Rehabilitation und Anschlussbehandlung gefunden. Manchmal fragt sie sich, ob sie sich nicht im Kreis gedreht habe und noch immer drehe und wie lange sie sich noch darin drehen wolle.

Aus der Geschichte der Baar
—
Die Göschweiler Verschwörung

Der Kampf zwischen Landesherr und Untertan, zwischen Oben und Unten war immer ein Gegenstand des besonderen Interesses der Öffentlichkeit, weckte Staunen und Bewunderung. Was bringt einen dazu, Widerstand zu leisten? Was gibt einem die Kraft dazu? Hat man denn eine Chance?

Auf den Bauernkrieg von 1524/25, der die ganze Baar in Aufruhr versetzt hatte, folgten noch größere Repression, Ausbeutung und Unfreiheit. Friedhofsstille herrschte im Land. Ungehorsam, Widerstand, Widerspruch wurden streng bestraft. Umso erstaunlicher, wenn eine Stimme laut wurde, die das Ungesagte sagte, und der, dem die Stimme gehörte, sich gar zum Handeln entschloss.

Der Mann hieß Sigmund Faller. Diesem ging es nicht um einen Aufstand gegen die Obrigkeit, sondern wie Michael Kohlhaas um die Einklagung dessen, was er als sein Recht empfand.

1510 hatte das Haus Fürstenberg das Dorf Göschweiler, am Südrand der

Baar gelegen, an den Obervogt, einen Georg von Reckenbach, verkauft mit dem Vorbehalt des möglichen Rückkaufs. Als 1571 der letzte der Reckenbachs früh verstarb, ging das Dorf auf die Witwe über. Als auch die Mutter des Verstorbenen Anspruch erhob, vereinbarten die beiden Frauen, dass nach dem Tod der Witwe das Dorf an die Mutter bzw. ihre Erben fallen sollte, und dieser vertraglichen Vereinbarung stimmte Graf Heinrich von Fürstenberg zu. Aufgrund dieser Abmachung meldete der Sohn aus zweiter Ehe der Mutter, Sigmund Faller, nach dem Tod der Witwe seinen Anspruch an. Dagegen wandte sich jedoch der Graf trotz seiner gegebenen Zustimmung zu dem Vertrag und nahm das Dorf in Besitz.

Warum er das tat, lässt sich nur erahnen. Sicher dürfte ihm nicht behagt haben, dass ein Mann nichtadeliger Herkunft (Fallers Vater soll sogar bäuerlicher Herkunft gewesen sein) in den Besitz des Dorfes kommen sollte, auch sonst schien er Sigmund Faller und seinen bescheidenen sozialen Status nicht sehr geschätzt zu haben. Dieser verwaltete die Kirchen- und Waisenrechnungen der Fürstenberger, und eine seiner Töchter war gar mit einem Schulmeister verheiratet. Wie auch immer: Mit der schnellen Besitznahme des Dorfes durch den Fürstenberger schien die Frage geklärt, ein möglicher Konflikt behoben. Aber das schien nur so. Aus dem braven Untergebenen Faller wurde ein hartnäckiger Kämpfer.

Dieser Kampf, den Roland Asch detailliert in einem Beitrag für die „Schriften des Vereins für Geschichte und Naturgeschichte der Baar" beschreibt, dauerte ungefähr ein halbes Jahrzehnt und endete mit einem provisorischen Sieg des aufmüpfigen Faller. Kaum hatte der Graf Göschweiler in seinen Besitz gebracht, erhob Faller Klage vor dem Reichskammergericht in Speyer, dann vor dem kaiserlichen Reichshofrat in Prag, wo es zum Prozess kam. Gleichzeitig eröffnete Faller eine zweite Front gegen den Grafen in Göschweiler, wo er die Bauern dazu aufrief, in Zukunft ihre Abgaben nicht an den Grafen, sondern an ihn, den rechtmäßigen Besitzer des Dorfes, zu entrichten. Er erhielt zwar nur ein paar Hennen und Eier, aber seine Stimme war gehört worden. Ja, es gelang ihm, immer mehr Einwohner für sich und seine Sache zu gewinnen, darunter den Vogt, was als „Verschwörung" in die Geschichte von Göschweiler einging.

Warum stellte man sich auf seine Seite? Faller galt als einer der Ihren, und man mochte den Landesherrn nicht, und vielleicht war es auch angenehmer, einen kleinen, nichtadeligen Herrn über sich zu haben als den mächtigen Grafen. Vielleicht lag es auch an der Persönlichkeit des Sigmund Faller, seinem Mut, seinem entschlossenen Auftreten, seinen rhetorischen Fähigkeiten, die ihm die Achtung und Sympathien der Göschweiler Bewohner einbrachten.

Der Graf tat, was Herrschende in solch einem Fall zu tun pflegten: Er reagierte mit Gewalt. Um den Widerstand der Einwohner zu brechen, ließ er die Männer unter Drohungen Gehorsam schwören. Drei von ihnen weigerten sich, worauf sie der Graf vor ein Malefizgericht stellte. Doch im Namen des Kaisers setzte der Reichshofrat, also das kaiserliche Gericht, Kommissare ein, die nach Überprüfung des Vorgangs vom Grafen verlangten, die drei Standhaften sofort freizulassen, was auch geschah.

Inzwischen hatte sich der so erstaunlich rechtsgläubige Faller auf den Weg nach Prag gemacht (die Göschweiler beteiligten sich an den Reisekosten und gaben ihm einen Reisebegleiter mit), um seine Sache dem kaiserlichen Gericht vorzutragen, möglicherweise hoffte er sogar auf eine Audienz beim Kaiser. Statt dessen musste er sich mit Spaziergängen durch die Stadt begnügen, wie es in seinem Bericht nach Hause heißt. Dennoch lohnte sich die Reise, denn knapp zwei Jahre, nachdem der Streit begonnen hatte, wurde der Graf von Fürstenberg aufgefordert, die Männer von Göschweiler von ihrem Gehorsamseid zu entbinden, was man so verstehen konnte, dass der Graf *nicht* Herr des Dorfes war.

Der Graf protestierte heftig. Was ihn wohl am meisten aufbringen musste, war, dass Faller und seine Anhänger den Grafen als antikaiserlich, sich selbst dagegen als gut kaiserlich hinzustellen suchten und ihren Widerstand ganz im Sinne des Kaisers und der kaiserlichen Kommissare verstanden. Also schrieb der Graf Briefe an den Kaiser, in denen er betonte, dass seine Treue zur kaiserlichen Majestät über jeden Zweifel erhaben sei, warnte vor dem „gemainen unverstendigen bauren böfel", der doch so leicht zu Aufruhr und Verschwörung zu verführen sei, und handelte, ließ gegen die Verschwörer ermitteln (zum Beispiel wurde einer der Verschwörer darüber verhört, ob er Bücher besitze und sie auch lesen könne), suchte das Dorf durch Drohungen einzuschüchtern u. a. m. Doch mitten in diese Aktionen hinein traf ihn der Schlag. Ein Glücksfall für Faller und seine Mitverschwörer, denn die Erben des gerade Verstorbenen hatten wenig Verständnis für diesen Streit und überließen Faller das Dorf.

So kam es, dass dieser am Ende als Sieger aus dem Streit hervorging. Auch errang er allgemeine Anerkennung, und sein neuer sozialer Status zeigte sich unter anderem darin, dass er seine Töchter gut verheiratete, die eine mit einen Adligen, dem Schellenbergischen Obervogt, die andere mit einem hohen fürstenbergischen Beamten. Leider konnte sich Sigmund Faller seines Sieges nicht lange erfreuen. Er starb wenige Jahre darauf und ohne männliche Erben, und die Schwiegersöhne zögerten nicht, den einst so mühsam erkämpften Besitz an die Füstenberger für 29 000 Gulden zu verkaufen, das war genau die Summe, mit der das Dorf verschuldet war infolge der Prozesskosten. Und so hatte der tote Graf am Ende doch noch erreicht, wonach er verlangt hatte: den Besitz eines Dorfes, das den Streit und die Kosten nicht wert war.

Es war ein Streit, der uns heute sinnlos erscheint, Stoff für eine Parabel über das Absurde. Doch zeigt uns diese Begebenheit auch, wie weit Rechtsbewusstsein und entschlossenes Handeln manchmal führen konnten, aber auch, wie tief das Besitzdenken der Herrschenden gehen konnte, und handelte es sich nur um ein kleines Dorf am Rand der Baar.

Sonnige Allerseelen

Kühler, sonniger Allerseelenmorgen. Längeweg. Längewiesen. Schafe, die fest an die Erde geschmiegt daliegen, als könnten sie nur auf diese Weise die gesuchte Wärme finden. Die Sonne, die ins Buchenlaub leuchtet. Schlossallee, Längeschloss, von dem nichts geblieben ist als ein paar archivalische Daten und Phantasien. Die Abzweigung ins Pfaffental, nach Aulfingen, nach Kirchen-Hausen.

Am achten April 1779 schickt der Posthalter und Adlerwirt Johann Martin in Hondingen die Tochter Maria nach Kirchen-Hausen, um eine fällige Erbschaft von hundert Gulden abzuholen. Sie geht den gleichen Weg, ein Stück zumindest. Ein langer Weg für ein sechzehnjähriges Mädchen. Ein Weg fast über die gesamte Länge, und nichts als Wald, in dem vielleicht die Wölfe zu Hause sind. Sie muss früh aufgebrochen sein, um noch vor Einbruch der Dunkelheit zu Hause anzukommen. Zwischen vier und fünf Stunden braucht man für eine Wegstrecke. Maria kommt gegen Mittag in Kirchen-Hausen an und erhält die hundert Gulden ausgehändigt. Sie kann sich nicht lange in Kirchen-Hausen aufgehalten haben, denn bereits gegen vier Uhr am Nachmittag kommt sie in der

Waldwirtschaft in der Nähe des Längeschlosses an, wo sie einkehrt, bevor sie sich auf den letzten Abschnitt des Weges nach Hondingen aufmachen wird, wo man sie erwartet.

Es herrscht Ruhe im Wald. Das einzig vernehmbare Geräusch kommt von fallenden Blättern. Pflanzen und Tiere stellen sich auf den nahen Winter ein. Unter mir im Sonnenlicht liegt Aulfingen. Durch Aulfingen ist Maria auf ihrem Weg nach Kirchen-Hausen wahrscheinlich nicht gekommen. Vielleicht ist sie durchs Pfaffental gegangen, der nach der Wegkarte der kürzeste Weg ist; vielleicht ist sie kurz vor Aulfingen bei der Eigentalhütte zu den Rehlachen hinaufgestiegen und von dort nach Kirchen-Hausen weitergewandert. Was sollte sie in Aulfingen? Was sollte ich in Aulfingen? Eine weitverzweigte, alte Eiche, ein Dorfbach, eine stillose Kirche, ein Schlossplatz ohne Schloss, ein Wirtshaus mit einladender Schlachtplatte, der Busbahnhof. Die Aitrach ist nahe, der Randen, der Hegau.

Ich gehe den gleichen Weg zurück bis zur Eigentalhütte vor dem Wald, wo es Tische und Bänke zum Rasten gibt. Zwei Rentner mit Stöcken und Golfmützen nähern sich, bleiben vor der Hütte stehen, schauen auf die Hütte, schauen zum Himmel, während ich an meinem Brot kaue und warte, dass sie weitergehen. Aber dann schauen sie wieder auf die Hütte, schauen auf mich, schwingen seufzend ihre Stöcke und ziehen das Tal abwärts, Aulfingen zu.

Irgendwann mache auch ich mich auf den Weg, vorbei an verblühten Kletten und einem Bildstock von 1680 („Ihr alle, die ihr vorüberkommt / Gebt acht und schaut / Ob ein Schmerz dem meinen gleicht") mit Maria und dem toten Jesus auf dem Schoß ins hintere Pfaffental. Es riecht nach Kühle und Einsamkeit. Eine Art Endstation, ein Ende aller Wege. Doch das täuscht. Da ist der Weg, der weiter in den Längewald führt, zum Bruderholz oder zur Waldwirtschaft, die es nicht mehr gibt, und wo Maria, die Tochter des Hondinger Posthalters, einkehrt auf ihrem Weg nach Hause. Sie hat noch ein ganzes Stück Wegstrecke vor sich, und sie beschließt, zur Stärkung noch eine kurze Rast in der Waldwirtschaft einzulegen, ein Glas Wein zu trinken und der Frau des Wirts, die sie gut kennt, von ihrem Gang nach Kirchen-Hausen und dem Säcklein Geld zu erzählen, das sie bei sich trägt. Gegen fünf Uhr am Abend muss sie dann aufgebrochen sein, wie das Donaueschinger Wochenblatt vom 15. April 1779 berichtet, und es sind noch zwei Stunden bis Hondingen.

Auch ich mache eine Rast, leere meine Thermosflasche, schaue auf die Karte, schaue auf das Laub unter den Fichten. Wie kommt das Laub unter die Fichten? Woher kommt dieses Geräusch von Schritten? Sind es vielleicht ihre Schritte oder die Schritte des Bauernburschen und Holzschlägers, der ebenfalls in der Waldwirtschaft eingekehrt ist und ihr später durch den Wald folgt und über sie herfällt, um an ihr Geld zu kommen. Trotz durchschnittener Kehle gelingt es ihr, sich in die Wirtschaft zu schleppen, wo man ihr zu helfen sucht, sie nach dem Täter frägt, und sie, der Sprache nicht mehr mächtig, auf den Tisch deutet, wo der Bauernbursche gesessen hatte, „worauf sie verschied". Noch in derselben Nacht wird der Bursche in Riedöschingen aus dem Bett geholt und zur Aburteilung nach Blumberg gebracht.

Mein Weg führt mich hinauf zur Wendthütte, niemand, dem ich begegne, den ich vielleicht fragen könnte, woher das Pfaffental seinen Namen hat oder warum nichts mehr vom Längeschloss zu sehen ist oder wie es möglich ist, dass ein Posthalter seine sechzehnjährige Tochter auf diesen dunklen Weg schickt, um eine Erbschaft von hundert Gulden abzuholen. Bei der Wendthütte oben auf der Längehöhe, nicht weit von den Längewiesen, strecke ich mich, hole tief Luft. Ich bin froh, oben zu sein. Die Gedanken sind heimwärts gerichtet. Die Sonne segelt langsam aus den Wolken hervor, um ebenso langsam wieder in den Wolken zu verschwinden.

Müller
—
Leben in der Kristallwelt

Was den Jungen auf den Wanderungen mit den Eltern begeisterte, waren nicht so sehr Tiere, Blumen oder Bäume, sondern Steine. Ein Foto zeigt ihn mit einer Versteinerung in der Hand, da ist er zwei Jahre alt. Ein paar Jahre später treibt sich der Junge auf Baustellen und Deponien herum, wo er nach Steinen sucht, die er tauscht oder verkauft, und mit vierzehn hat er seinen eigenen Stand auf dem Weihnachtsmarkt in Rottweil. Einer, der sich auskennt, zeigt ihm interessante Schürfstellen, nimmt ihn mit auf Messen, bringt ihm bei, wie man Steine präpariert. Und irgendwann ist aus dem suchenden und sammelnden Jungen ein Fachmann geworden, der Bescheid weiß über Fundorte, über Steinformationen, über Formen, Farben, Bestandteile, Besonderheiten von Mineralien und Kristallen.

Alexander Müller ist gerade 39 Jahre alt und erinnert sich an die Anfänge, erinnert sich an Entdeckungen wie an Glücksstunden, an steinerne Riesenschnecken auf der Alb, an einen wagenradgroßen Ammoniten bei Schura, an einen 200 Kilo schweren Kalzit-Kristall in einem

Steinbruch auf der Baar zwischen Fützen und Epfenhofen, an die Grube Clara bei Wolfach und Bergkristalle im Schwarzwald. Wo Erde aufgerissen wurde, wo neue Baustellen entstanden, war Alexander Müller zur Stelle. Und irgendwann wurde der Radius größer, wurden die Wege länger, als er auch jenseits der Region zu suchen und sammeln begann, bis er in Osteuropa, in Südamerika, in Nordamerika und in Asien fündig wurde.

Heute ist Müller Herr über eine Sammlung von Kristallen und Fossilien, wie sie nirgendwo sonst in Deutschland zu sehen sein dürfte. Als er im Keller seines Hauses in Dietingen keinen Platz mehr fand, entschloss er sich zum Bau eines Museums, das nach zweijähriger Planungs- und Bauzeit im Frühjahr 2011 eröffnet wurde mitsamt einer Lagerhalle und den Namen „Kristallwelt" erhielt. Eingangsspruch: „Warte nicht auf große Wunder, sonst verpasst du viele kleine."

„Wir wissen mehr über die Bewegungen der Himmelskörper als über den Boden unter unseren Füßen", meinte der große Leonardo. Vermutlich ist es immer noch so. Der Erdboden, die fünfte Sphäre, die vor allem aus Gestein besteht. 750 Exponate aus 45 Ländern lagern hier, Riesenkristalle, Mineralien und Fossilien.

Prunkstück ist eine über vier Meter hohe und hundert Millionen alte Amethyst-Druse aus Uruguay (Amethyst mit Hohlraum, in denen Kristalle wachsen), zu sehen sind unter anderem ein riesiger Bergkristall, funkelnde Quarz-Stalaktiten (hängende Zapfentropfsteine), ein leuchtender, überdimensionaler Rosenquarz, brasilianische Achatscheiben im Auflicht (100 Millionen Jahre alt), Bergkristallgruppen, ein versteinerter Wald aus Millionen Jahre alten Nadel- und Laubbäumen, eine 400 Millionen Jahre alte Seelilienkolonie, Tierfossilien (Krokodile, Fische), Muscheln, gewaltige Ammoniten aus der Jurazeit mit bis zu einem halben Meter Durchmesser, versteinerte Sauriereier und Gelege, fast alle im Alter von Jahrmillionen aus den Anfängen der Erdgeschichte, geschliffene Ammoniten und Tintenfische, mehrere Bergkristallgruppen von 175 bis 420 Kilogramm Gewicht.

In der Galerie darüber ist alles ein paar Nummern kleiner. Die Vitrinen sind gefüllt mit Mineralien und Edelsteinen u. a. aus Mexico, USA, Rumänien, Frankreich, Afghanistan, Russland, vor allem aus Brasilien (von dort wird auch ein halbstündiger Dokumentationsfilm über Fundgebiete gezeigt), zu bestaunen sind Feueropale, kristallisierte Rosenquarze, Amethystblüten, zweifarbige Turmaline, tiefblaue Lapislazuli u. a. m.

Extreme Fülle. Viel Glanz.

Woher kommt die Faszination, die Leidenschaft?

Alexander Müller zeigt einen kleinen Stein, zeigt die Details, alles, was an diesem Stein zu sehen ist: die Rosette, die geometrische Struktur, die Hohlräume mit den Kristallen, nicht zu vergessen die Farbe. Die Ästhetik, die Vielfalt der Formen und Farben, das ist es.

Hat er Vorlieben?

Bergkristalle; ein blaulila Stein (Amethyst, Aquamarin); der Coelestin, ein Amethyst mit himmelblauer Rosette; der amerikanische Rodochrosith.

Er zeichnet Wachstumslinien aufs Blatt von Rosetten, Kristallnadeln. Er ist vertraut mit Linien und Formen.

Die Anatomie der Kristalle.

Es gibt Kristalle, von denen er sich um keinen Preis trennen würde.

Zusammen mit seiner Frau Birgit führt er das Museum. „Wir leben und arbeiten mit Steinen", sagt sie. Es hört sich an, als sei dies ein besonderes Leben, und das ist es wohl auch.

Alexander Müller ist Sammler, Museumsleiter, Liebhaber, Händler. Er besucht Messen und Fundstellen. Jetzt war er in Uruguay. Einer wie er hat viel im Kopf. Die Ästhetik, das Geschäft. Er hat viel erreicht. Er hat etwas, dessen sich kaum ein anderer rühmen kann: die kristalline Welt zu Hause.

Ein Wintermorgen im Unterhölzer Wald

Das Pfohrener Torhäusle ist einer der möglichen Eingänge in den Unterhölzer Wald. Schneeflocken segeln durch die Luft, die nirgends anzukommen scheinen, Schnee ist über Nacht keiner gefallen, es ist immer noch der Schnee vom alten Jahr, harsch und eisig. Aber ein leichter Sturm ist über den Wald hinweggegangen, einige Sträucher stehen geknickt, junge Bäume schauen, ob noch alle Zweige da sind. Grau der Himmel, graugrün der Wald. Winterlichweiß ist nur die Erde. Und die Sonne. Wenn sie durch die Baumkronen leuchtet, fängt der Schnee an zu glitzern.

Wir überlegen, ob wir ob ein Stück den Hauptweg hinaufsteigen oder gleich abbiegen.

„Ach", sagt Julia, „schauen wir uns doch erst mal die Eichen an."

Julia, die etwas für alte Eichen übrig hat. Julia, die sich mit Bäumen auskennt, vielleicht noch mehr mit den Unterhölzer Bäumen als mit allen anderen Bäumen, wo sie im Sommer angeblich jeden frühen Morgen durch den Unterhölzer radelt, bevor sie ins Geschäft fährt.

Die berühmten alten Eichen. Knorrige, verwitterte Bäume, angeschla-

gen, teilweise mit abgerissenen Rindenpartien, Aushöhlungen oder Frost-
rissen, die zu Wulstbildungen führen, manche mit kargem oder verlo-
renem Astwerk, manche auch ohne Krone. Aber sie stehen! Tiefgehende
Wurzeln, fester Stand. Einige stehen schon seit zwei-, dreihundert Jahren,
andere vielleicht noch länger. Man hat sie vermessen, Eichen und Rotbuchen. Dreihundert Jahre! Was für ein Alter! Was da nicht alles geschehen
ist! Wir starren auf die Eichen. Was wissen sie, was sie uns nie sagen
werden? Der große Eichenbestand, der einst Eicheln für die Schweinehaltung lieferte, der Unterhölzerwald eine Waldweide für Schweine und
Vieh, später Wildpark, Jagdrevier der jagdfreudigen Fürstenberger bis
heute. Naturschutzgebiet *und* Jagdrevier, das ist der Unterhölzer Wald.

Fichtenzapfen mit Fraßspuren. Vereistes Immergrün. Der Schnee
knirscht unter den Schuhen.

Das Knirschen ist das einzige vernehmbare Geräusch; bleiben wir stehen, ist gar nichts zu hören. Nichts zu hören ist unglaublich, und so hor-
chen wir, weil wir es nicht glauben wollen.

Die Stille, die Stille, staunt Torsten, Mann der Stadt, der sich nicht
wohlfühlen kann in einer scheinbar vollkommenen Stille. Treten wir
in eine offene Lichtung, hört man das ferne Geräusch von Autos auf der
Straße nach Geisingen, und es scheint, als beruhige das Torsten.

Es kommen nicht so viele Menschen hierher, denn der Wald liegt etwas
abseits, außerdem kann man sich verirren, denn es gibt keine Hinweis-
schilder, keine Markierungen, das Fürstlich Fürstenbergische Haus, dem
der Wald gehört, wünscht es nicht. Es wünscht keine herumziehenden
Horden von Familienausflüglern und singenden Wandergruppen, es will,
dass es bei den wenigen stillen Spaziergängern bleibt, wie wir es vielleicht sind.

Seit 1939 ist der Unterhölzer Wald Naturschutzgebiet. Wildtiere fallen
nicht unter die Schutzverordnung, nicht während der Jagdzeit, die im
Juli beginnt. Dann ist es auch nicht mehr so still im Wald. Die Jagdver-
anstaltungen der Fürstenberger. Alle möglichen blau- und nicht blaublü-
tigen Herrschaften, die einst dazu eingeladen waren, darunter der letzte
Kaiser, der mit dem Fürsten Max Egon II so eng befreundet war, dass
er sich vierzehnmal von ihm einladen ließ. Der jetzige Fürst Heinrich

darf nicht jagen, dafür frönt sein Sohn Christian der Jagd. Im November findet die mehrtägige Fuchsjagd statt, da ist es streng verboten, den Wald zu betreten. Julia, die einmal das Warnschild übersah und sich später bei den Jägern bedanken durfte, dass sie sie nicht erlegt hatten.

„Vielleicht haben sie mich ja für ein Stück Wild gehalten, weil alles, was sich im Wald bewegt und nicht zur Jagdgesellschaft gehört, möglicherweise als Wild angesehen wird. Dass mir nichts passiert ist, habe ich wohl dem Umstand zu verdanken, dass ich, als es in der Nähe knallte, die Hände hob, was Rehe und Wildschweine normalerweise nicht tun."

Der Buchenhain. Auch die Rotbuchen sind mächtig, vielleicht so mächtig wie die Eichen und so alt. Julia, die darauf wartet, dass ein Wild aus dem Hain auftaucht. Torsten: „Und was machst du, wenn ein wilder Eber daherkommt?" Julia: „Warten, bis er wieder geht." Leise, monotone Rufe von einem Baum herab. Wir bleiben stehen, schauen zum Wipfel hoch, stapfen weiter ins Waldesinnere.

„In den Kriegen", sage ich, „versteckten die Bauern sich und ihr Vieh tief im Unterhölzer, da waren sie einigermaßen sicher."

Die Möglichkeit, sich im tiefen Wald vor Marodeuren und Totschlägern zu verstecken, weiß Torsten zu schätzen, da konnte man sogar die Stille in Kauf nehmen.

„Und im November 1918 wurden die Hirsche von heimkehrenden württembergischen Soldaten zusammengeschossen aus Verzweiflung oder Langeweile oder weil sie nichts zu essen hatten."

Der Talgraben. Hoppelspuren von Hasen. Misteln, die den Bodenkontakt aufgeben und sich in höhere Regionen begeben. Kiefern, die es mit dem Himmel aufnehmen. Julia, die sich während der Ausbildung als Apothekenhelferin ein Herbarium anlegte mit Pflanzen aus dem Unterhölzerwald, darunter so seltenen Pflanzen wie der Moschusmalve, dem Bleichen Knabenkraut oder dem fliegenfangenden Sonnentau. Und wie kommen die Pflanzen mit dem Winter zurecht?

„Oh", „sie ergreifen die Flucht"?

Die Pflanzen ergreifen die Flucht?!

„Einjährige Pflanzen entziehen sich dem Winter als ruhende Samen, und die meisten Mehrjährigen überdauern als Knolle oder Zwiebel."

Torsten scheint beeindruckt.

„Jetzt gibt es hier einen Tierfriedhof", weiß Julia. „Die ersten, die man begraben hat, waren ein Kater und eine Schäferhündin. Man hat sie unter einer Eiche begraben."

Der Unterhölzer Weiher, vereist, umschlossen von einem dichten Schilfgürtel. Er diente einst der Fischhaltung des Neudinger Klosters, heute dient er mit seinem breiten Röhrichtsaum, solange er nicht zugefroren ist, vielen Nist- und durchziehenden Wasservögeln als Rastplatz. Zwischen Weiher und Landstraße ein Drahtzaun, hinter dem regungslos ein ausgewachsener Fuchs liegt. Aber wie kommt der Fuchs hierher? Wurde er angefahren oder angeschossen? Schlüpfte noch schnell unter den Zaun, bevor er starb? Da stehen wir, starren auf den toten Fuchs hinter dem Drahtzaun und hätten doch lieber einen lebenden Fuchs gesehen. Julia, die Zweige über den toten Fuchs legt.

Beim Torhäusle Dreilärchen suchen wir uns einen sonnigen, windgeschützten Platz, trinken und essen etwas, unterhalten uns über einen Film von Bunuel, in dem ein Mann einer Frau hoffnungslos verfallen ist. Die Kälte hat ein wenig nachgelassen, das liegt an der Mittagssonne. Ab und zu rauscht ein Auto vorbei Richtung Geisingen oder Pfohren. Während Julia nach Spuren im Schnee sucht, erzähle ich Torsten von einer Kolonie, die hier vom Haus Fürstenberg Ende des 18. Jahrhunderts gegründet wurde und den Kolonisten Land und Rechte bescherte, die es sonst nicht gab.

Später steigen wir die Wartenbergallee hinab in das offene Waldtal. Julia, die immer noch nach Wildtieren Ausschau hält, nach lebenden. Tatsächlich ist uns niemand begegnet, kein Hirsch, kein Fuchs, kein Schwein, auch kein Mensch. Es ist, als wären wir die einzigen im Wald, was natürlich Unsinn ist. Es gibt immer Menschen im Wald, nur dass sie etwas später in den Wald zu gehen pflegen, und was die Tiere betrifft, so halten die sich immer gerne ein wenig versteckt, haushalten mit ihrer Energie oder träumen auch nur so vor sich hin, vielleicht. Die Überlebensstrategien der Tiere im Winter. Vorratshaltung, Energie sparen: ja keine unnötigen Waldläufe, kein Streit; Streit wäre die größte Energieverschwendung

Jetzt geht es hinauf zum Jagdhaus, auch Jagdschloss genannt, obwohl es gar kein Schloss ist; es diente zur Beherbergung der Jagdgesellschaft. Die kerzengerade Allee führt direkt zum Haus. Doch dann ist der Zugang zum Jagdhaus oder Jagdschloss für gewöhnliche Spaziergänger, wie wir es sind, durch fürstlichen Beschluss gar nicht mehr erlaubt, und so biegen wir wieder ab ins schweigende, dunkle Waldesinnere.

Hans Hauser
—
Tankwart und Dichter

Gern erinnere ich mich an die Lesung Anfang der achtziger Jahre. Der Auftritt, die Stimme, das Buch. Ich erinnere mich an die Ruhe, die von diesem Mann ausging, an die Übereinstimmung von Sprecher und Gesprochenem. Nichts Lärmendes, nichts Gekünsteltes, kein Pathos, kein Metapherngestöber. Alles wirkte authentisch, erlebt, erfahren. Der da sprach, sprach von seinen Wahrnehmungen, Gefühlen, Stimmungen, von seiner Welt in seiner Sprache. Eine nahe, einfache, direkte, stimmige Kunst. Mundartkunst. „Wenn ich Hebelverse höre", sagte ein anderer alemannischer Dichter, Manfred Marquardt, „bin ich zuhause". Das Gleiche kann man von Hausers Versen sagen.

Die in dem Band „Dief i de Nacht" versammelten Gedichte sind keine großen Gemälde, eher kleine Bilder, nicht minder wertvoll. Es sind Gedichte über Villingen, die geliebte Stadt, die Beziehung zu einem Baum, die Zuversicht, die das Morgenrot beschert, Entsagung angesichts des nahenden Todes, eine Erinnerung an eine frühe Liebe, Rückblick u. a. m. Im Nachwort der Ausgabe heißt es, dass Hauser „Mi Mottersproch" als Ausklang dieser Gedichtfolge gewünscht habe. Eigentlich ist dieses Gedicht ein Rückblick aufs vergehende, vergangene Leben, Erinnerung, Reflexion. Die letzte Strophe ist für mich eines der stimmungsvollsten, anrührendsten Stücke im Gedichtwerk Hausers. „Jetz isches still ums Obedrot. / Koe Kindergschroe, kon Brunne goht, / es fliegt koe Schwälmli meh ums Huus, / es nachtet, und Di Spiil isch us. / I hör Di Motter wie im Troom: / ‚Es liitet Bättziit, kumm jetz hom.'" Diese Verse enthalten sprachlich alles, was dem Dichter so wichtig war, die Natur, die vergangene Kindheit, vertraute Baulichkeiten wie das „Huus", in dem er aufwuchs, der „Brunne", die Nacht, das Leben als „Spiil", das zu Ende geht, die „Motter", die er so liebte und deren Bitte an den Sohn, nach Hause zu kommen. Diesen Schlusssatz kann man als Erinnerung an die Kindheit verstehen, aber auch in einem übertragenen religiösen Sinn als Aufforderung, der Verstorbenen nachzufolgen in die wahre, ewige Heimat.

Dieses Gedicht „Mi Mottersproch" entspricht, vor allem mit seinem Schlussteil, ganz dem Titel des Gedichtbands „Dief i de Nacht"; der Nacht, die ein wiederkehrendes Motiv in Hausers Gedichten ist und die auch als Hinweis verstanden werden kann, dass Hausers Gedichte keineswegs, wie man das Mundartgedichten gerne unterstellt, wirklichkeitsferne, rein sentimentale oder idyllische Machwerke sind. Flache Lebensfreude oder billige Allesistgut-Sprüche wird man in seinen Gedichten nicht finden. Für so etwas war Hans Hauser zu ernsthaft, klug und realistisch. Er hat sein Werk ernst genommen, so ernst wie sein Leben.

Er wurde am 16. Oktober 1907 in Villingen geboren. Seine Mutter Agathe Grüninger war Nachfahrin aus der berühmten Villinger Glockengießersippe Grüninger. In der Rietgasse wuchs er zusammen mit acht Geschwistern auf. Der Vater starb, als er fünf Jahre alt war, so dass die Mutter die ganze Last der Familie zu tragen hatte, was Hans Hauser nie vergaß. Eine Zäsur in seinem Leben sieht Edgar Hermann Tritschler, der sich in einer ausführlichen Betrachtung in den „Schriften der Baar" von 1996 mit dem Leben des Dichters befasste, in dem Umstand, dass der Besuch der höheren Schule an den finanziellen Verhältnissen scheiterte, etwas, was der begabte, interessierte, wissbegierige Hans Hauser nie ganz verwinden konnte. Eine weitere Kränkung erfuhr er, als sein Wunsch, Buchhändler zu werden, abgewiesen wurde, weil der Villinger Buchhändler für eine Anstellung die höhere Schulbildung verlangte. So wurde der junge Hauser nicht Buchhändler, sondern Eisenhändler.

Nach Abschluss der Lehre bei der Eisenwarenhandlung Berweck zog es ihn in die Fremde, ins Kinzigtal nach Haslach: eine wichtige Periode für die persönliche Entwicklung. In Heinrich Hansjakob, dem großen Schwarzwälder Schriftsteller und Nonkonformisten, wie auch in dem verkannten und „verrückten" Maler und Einzelgänger Carl Sandhaas fand der junge Hauser seine Vorbilder. Jede freie Minute nutzte er zum Schreiben von Gedichten in Schriftdeutsch, und mit 21 veröffentlichte er seinen ersten Gedichtband mit dem Titel „Sturm", der im Frühjahr 1928 erschien.

Dieses schmale Bändchen enthält Gedichte, die zum größten Teil im expressionistischen Stil (s. auch der Titel) geschrieben sind und sich entsprechend dem Alter jugendbewegt, schwärmerisch, hochempfindsam geben. Dabei geht es vor allem um die Frage nach Sinn, Identität und Orientierung. „Ich habe nachgedacht, / geweint, gesucht, / gefleht, geflucht, / ich habe gewacht" heißt es im ersten Gedicht. Es ist ganz und gar eine Ich-bezogene Lyrik, in der einer seinen Platz in der Welt sucht, seine erste Liebe feiert, die „Krone der Schöpfung", den Menschen, verhöhnt. Daneben sind ein paar romantisierende Gedichte im letzten Teil der Gedichtsammlung zu finden.

Nach der Rückkehr nach Villingen in den dreißiger Jahren arbeitete Hans Hauser wieder als Kaufmann, heiratete, wurde Soldat, geriet in russische Gefangenschaft und kehrte zwei Jahre nach Kriegsende nach Villingen zurück. Er arbeitete als Buchhalter bei einem Autohaus, wurde Tankwart bei der Araltankstelle in der Vöhrenbacherstraße, die er zusammen mit seinem Freund Hermann Tritschler bis Anfang der siebziger Jahre führte. Gern machte er Führungen durchs Städtische Museum (damals noch im Alten Rathaus), improvisierte auf dem Klavier, zeichnete und malte und traf sich an den Samstagen mit Freunden im Torstüble.

Er war gern unter Menschen, war gesellig, wie sich seine Tochter Gretel Straub erinnert, und war auch wieder gern allein („Jetz han i gnueg"), verkroch sich in sein Arbeitszimmer, in „seine Höhle" – und schrieb, schrieb seine Mundartgedichte, die ihn in den sechziger Jahren über Villingen hinaus bekannt machten, schrieb die „Lästerchronik", Fastnachtsspiele und eine Oper und erlebte nicht mehr, wie sein lyrisches Werk in den neunziger Jahren auf Tonträger aufgenommen wurde.

Hans Hauser starb an einem der ersten Märztage 1991. Eine Gedenktafel über dem Eingang seines Hauses in der Kanzleigasse erinnert an ihn.

Wer war Hans Hauser?

„Denn nint, wa je mol dur mi duri goht, / vekunnt; es sinkt nu abe uff de Grund / und weest as Blueme uff im neue Kload. / 's woest neamert, wos im Struuß no überkunt, / wievil vegrabni Hoffninge und Load / drin inne sind und wie n es um mi stoht."

Sonntags in Bräunlingen

Der erste Februarsonntag, so hell, so sonnig, so mild, als gäbe es keinen Winter, als hätte es nie einen Winter gegeben. Doch die wenigen Leute, die sich auf den Straßen blicken lassen, fest eingehüllt in ihre Wintermäntel, trauen dem Frieden nicht. Vorsichtig, wie auf Eis gehend, streben sie, Gottesdienst und Verwandtenbesuch hinter sich lassend, der häuslichen Wärme entgegen.

Bräunlingen.

Am Unterlauf der Breg, zwischen Dögginger Höhe, Galgenberg und Ottilienberg gelegen, viertausend Einwohner ohne die einverleibten Ortschaften. Stadthalle, Zentralkläranlage, Museum. Viel Wald. Nach dem Kurortgesetz ist die Stadt Erholungsort. 2005 feierte man das 700-jährige Stadtjubiläum, worauf man stolz sein darf, auch wenn man nicht so genau weiß, warum. Vielleicht weil die kleine Stadt jahrhundertelang den Vereinnahmungsversuchen des Hauses Fürstenberg widerstand (nur knapp einhundert Jahre war sie fürstenbergisch) und eine habsburgisch-österreichische Enklave innerhalb des fürstenbergischen Territoriums blieb; vielleicht weil sie – ähnlich Hüfingen – so viel aus ihrer Geschichte in die Gegenwart rettete.

Der Stadtkern.

Spitalplatz mit altem Spital und Kriegerdenkmal, das alte Elektrizitätswerk (heute Zunft- und Narrenhaus mit Narrenschiff), das Museum, das Geburtshaus von einem Conrad Neukom, einem Maler, einem Johann Baptist Tutine, noch einem Maler, einem Carl Hornung, einem akademischen Maler und Ehrenbürger, zum Teil erneuerte spätgotische Bürgerhäuser, einige mit Staffelgiebeln, eines mit Zinnengiebeln, ein Stück Stadtmauer, das Mühlentor (auch Niedertor) von 1590, das Rathaus aus der gleichen Zeit. Ansonsten übersichtliche Straßenführung, breite Hauptstraße, keine Gässlein, neugotisch die Stadtkirche, der Gumpp-Brunnen von 1955 zur Erinnerung an den Oberschultheißen Johann Conrad Gumpp.

Johann Conrad Gumpp und die Gumpp-Dynastie.

In Bändchen 2 der Schriftenreihe der Stadt Bräunlingen ist einiges über diesen seltsamen, aus Tirol stammenden Familienclan zu lesen, dessen Raffgier die Bürgerschaft mit Staunen erfüllte. Zwei Personen, die aus dem Clan herausragen, sind Elias und sein Sohn Johann Conrad Gumpp. Von ersterem heißt es, dass ihm bei seinem Tod ein Viertel der Bräunlinger Feldmark gehörte (Susanne Huber-Wintermantel schreibt von seinem Güterverzeichnis, dass es „ein Buch gefüllt" habe), und sein Sohn Johann Conrad Gumpp, ein durchtriebener Kommunalpolitiker wie der Vater, ließ sich gleich bei Amtsantritt „sein Schultheißengehalt erhöhen, dazu die Naturaleinkünfte und die Besoldung als Stadtschreiber" (Huber-Winterhalter), kaufte die alte Stadtmühle und wusste auch sonst den Familienbesitz zu mehren.

Gottesackerkirche St. Remigius und Gottesacker.

Jenseits des Röthenbachs auf altem alemannischem Begräbnisgelände gelegen ist die Kirche St. Remigius mit teilweise romanischem Unterbau und vermutlich Resten einer karolingischen oder vorkarolingischen Kirche. Allgemein gerühmt wird der einzige erhaltene spätgotische Flügelaltar auf der Baar mit Himmelskönigin, Johannes dem Täufer und dem heiligen Remigius. Gerühmt auch die heilige Katharina mit dem Schwert, nach der ich vergeblich suche. Es ist kalt in der Kirche. Draußen auf dem Gottesacker ist es nicht so kalt, wo Stiefmütterchen und

Grableuchten die Gräber schmücken und wo eine alte Dame mit ihrer Enkelin (?) Arm in Arm lachend durch die Gräberreihen spazierengeht.

Der Mord.

Der Friedhofsweg führt zur Dögginger Straße hinunter, wo einst das Haus des Zimmermanns Anton Laucher stand, in das dieser einen jüdischen Marktbesucher und Kaufmann aus Gailingen lockte, um den Kaufvertrag rückgängig zu machen, was ihm nicht gelang. Im „Donaueschinger Wochenblatt" vom 1. August 1871 wird berichtet, wie der Zimmermann den Kaufmann aus Gailingen erschlägt und die Beine zersägt, um dessen Rumpf besser verstecken zu können. Die Untat bringt dem Mörder eine Zuchthausstrafe von zwanzig Jahren ein und den Bräunlingern den Spottnamen „Schenkelisäger".

Die Ottilienkapelle.

Auf einer Bank eine ältere Frau mit frisch getöntem Haar, die erzählt, dass sie noch zum Tanzen gehen wolle und dass sie geschieden sei und dass sie einen Sohn habe, der Eventmanager sei. Sie ist vielleicht um die sechzig und lebhaft. Ob ich die Winterlinge gesehen habe, gleich hinter der Kapelle.

Winterlinge. Eine barocke Madonna, Deckengemälde von Luzian Reich. Der Wanderweg nach Mistelbrunn.

Das Kelnhofmuseum.

Jeden ersten Sonntag im Monat ist das Museum im Kelnhof geöffnet, dem einstigen Sitz des Verwalters (Kellner) des Reichenauer Besitztums in Bräunlingen, später „Gasthaus zum Rössle", Museum seit 1988. „Tradition und Geschichtsbewusstsein werden in der Zähringerstadt Bräunlingen großgeschrieben", steht auf dem Prospekt, den man zur Eintrittskarte bekommt, und dass das Museum „Objekte aus allen Bereichen des Lebens in der Vergangenheit der Ackerbürgerstadt" präsentiere. In den drei Stockwerken ist viel zu sehen, Handwerksstätten und landwirtschaftliche Geräte, Stubeneinrichtungen und Schlafkammern, Vorratskeller und Küche, Mord- und Folterinstrumente und ein 1 Meter langes Richtschwert (die Stadt übte die niedere und hohe Gerichtsbarkeit aus) mit der sinnigen Eingravierung „Herr, nimm diesen armen Sünder auf in Dein Reich / dass er kann dankbar sein for einen glücklichen Streich", kirchliche Kunst mit Heiligenfiguren wie Maria und Johannes aus dem 13. Jahrhundert und einem verhärmt blickenden Joseph mit dem Jesuskind auf dem Arm (nicht oft bekommt man Joseph mit Jesuskind zu sehen), Kensterchen (Hausaltärchen) und Kreuze, außerdem weltliche Kunst, Gemälde, Graphik, und, nicht zu vergessen, die archäologischen Grabfunde und ein Alamannengrab mit einem Skelett aus dem 7. Jahrhundert.

Der Abend.

In den „Zähringer Stuben", vor denen zwei Harleys stehen, trinke ich ein Bier und einen Schnaps, lasse Bilder an mir vorüberziehen, die mit vergangenem, musealem Leben zu tun haben, während sich am Nebentisch zwei junge Männer in schwarzer Montur über ihre Sonntagsfahrt rund um die Baar unterhalten, offensichtlich gehören ihnen die Maschinen vor der Tür. Ein älteres Ehepaar starrt schweigend auf das Fernsehgerät in der Ecke, Komiker am Werk, noch nie gab es so viele Komiker und Wurstsorten in Deutschland. Draußen fängt es an zu dämmern, noch sind die Tage kurz. Ein paar junge Leute sind unterwegs auf dem Weg nach Hause. Auch ein Hund ist unterwegs, scheinbar ohne Herr, bleibt stehen, schaut, wedelt mit dem Kopf, als wundere er sich, bevor er weitertrottet, der Nacht entgegen.

Lauber
—
Sterngucker

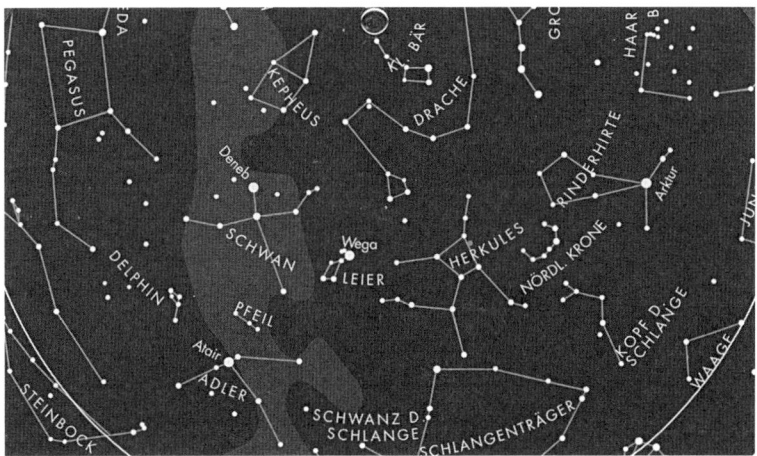

Schmales Haus, zwei kleine Arbeitszimmer im dritten Stock, darüber die Kuppel mit dem Teleskop. Albert Lauber ist Textilkaufmann von Beruf, Sterngucker aus Berufung. Daneben bastelt er, wandert. In der Marienkirche, wo er fünfundfünfzig Jahre lang Sonntag für Sonntag zum Ruhme Gottes und zur Freude der Gemeinde an der Orgel saß, orgelte er sich einen Teil des Geldes zusammen für seine Sternwarte.

Interesse für den Weltraum hatte er schon in der Volksschule, als er mit einem einfachen Fernglas nach den Sternen schaute. 1950 baute er zusammen mit seinem Freund Werner Walz ein Gestell für ein 4-Zoll-Spiegelteleskop, mit dem sie zusammen den Himmel absuchten. 1960 baute er für ein neues 10-Zoll-Spiegelteleskop die Kuppel, die er in den folgenden Jahren ausbaute.

Albert Lauber ist religiös erzogen. Der längst verstorbene Kardinal Augustin Bea aus Riedböhringen ist ein Großonkel, ein Mann, zu dem man aufschaute. Überall Fotos von ihm, immer von Menschen umgeben und der Kardinal im Mittelpunkt. Der Kardinal, der auch in diesem schmalen, alten Haus in der Donaueschinger Innenstadt als Gast weilte und seinerseits Albert Lauber zu einem Besuch der vatikanischen Sternwarte in Castel Gandolfo animierte. Kardinal Bea, der neun Sprachen sprach, seine Baaremer Sprache dabei nie vergaß, wie sich die Laubers gerne erinnern, auch nicht den Ort seiner Kindheit Riedböhringen, wo er begraben sein wollte, der ein großer Kaffeetrinker war (dazu ein ordentliches Stück Gugelhupf) und der Menschen so gerne Mut zusprach. Episoden, die mit diesem berühmten Hausgast zu tun haben, weiß Albert Lauber zu erzählen, und auch ich weiß eine eher banale Episode, die mit dem Kardinal zu tun hat und seinem Besuch in der Heimschule Lender, wo ich Schüler war und wo es aus Anlass des hohen Besuchs Bratwurst zum Mittagessen gab, weshalb sich für mich der Name des Kardinals immer mit Bratwurst verbindet.

Lauber lässt die Kuppelleiter herunter, und wir steigen hinauf zur Plattform unter dem Kuppeldach, das von einem Zahnkranz gedreht werden kann. In der Mitte des Raums auf dem Gestell das knapp eininhalb Meter lange Teleskop mit einem Spiegel von 25 cm Durchmesser und 2000facher Vergrößerung, angetrieben von einem Motor, der die Erdumdrehung ausgleicht, eine Konstruktion des Donaueschinger Feinmechanikers Gerhard Geiger.

Albert Lauber: „Die Baaremer Luft ist geeignet, es ist eine klare Luft."

Die beste Beobachtungszeit ist im kalten Winter bei zunehmendem Mond; einen besten, länger vorhersehbaren Zeitpunkt aber gibt es nicht.

Sonne, Mond, Planeten.

Der Jupiter mit den vier Monden.

„Jetzt im März ist der Jupiter abnehmend, die Venus ist morgens als Sichel sichtbar, wenn sie am hellsten ist."

Der Saturn mit den Ringen, Laubers Lieblingsplanet.

„So hell, so schön."

Was ist es, was ihn seit über einem halben Jahrhundert zum Fernrohr zieht?

„Die Schöpfung mit ihren Geheimnissen und Gesetzen."

Auch hier oben in der Kuppel Bilder vom Kardinal, der bei jeder Bewegung, die er macht, die Umstehenden zu segnen scheint.

Eine Karte mit den neun Planeten.

Die Logbücher.

Der erste Eintrag stammt vom Sonntag, den 20. August 1950.

„Jupiter, 100fach, abgeplattete, gelbweiße Scheibe, auf der bei genauerem Hinsehen Streifen sichtbar sind. Drei Monde.

Lyra, 100fach, kein eindeutiges Beobachtungsergebnis. Viele schwache Sterne im Okular.

Andromedanebel, 50fach, milchig aussehender, heller Lichtfleck, von vielen schwachen Sternen umgeben.

Nordamerikanebel, kein Ergebnis …“

Dienstag, 9. Januar 1951.

„Venusuntergang!

Mond: Überwältigendes Bild. Ganze Mondkugel zu sehen. Mit zunehmender Dunkelheit können auf der vom Erdlicht beleuchteten Oberfläche Einzelheiten erkannt werden. Beobachtung bis zum Untergang …“

Und am Samstag, den 14. November 1953, beobachten Albert Lauber und Werner Walz mit ihrem Teleskop auf dem Schellenberg oberhalb der Amalienhütte ein seltenes Himmelsereignis: den Merkurdurchgang vor der Sonne.

Sonne, Mond und Planeten werden beobachtet und im Logbuch beschrieben, Bewegungsvorgänge werden festgehalten wie die seltene Planetenkonstellation vom Februar 1964, als sich Venus und Jupiter so nahe kommen, dass sie als glänzendes Doppelgestirn am Abendhimmel erscheinen. Unbekannte Flugkörper werden gesichtet wie jene vom August 1966, die nie geklärt werden können, oder die ungewöhnlich vielen Sternschnuppen an einem Oktoberabend im Jahr 1972.

Und dann die Kometen, die die Aufmerksamkeit der Sterngucker immer auf sich lenken, wie der Pons-Brooks-Komet, an den Lauber sich besonders gut erinnert, weil er ihn so klar gesehen hat, der Arend-Roland-Komet (den die Privatsternwarte Lauber-Walz als erste Sternwarte in Deutschland sichtete) oder der Mrkos, und dann das vergebliche Warten auf den Halleyschen Kometen, der sein Erscheinen angekündigt hatte.

Und da sind die Finsternisse, die zu den beliebtesten Himmelserscheinungen der Sterngucker gehören, partielle Sonnenfinsternisse, die totale Mondfinsternis im Februar 1971, als der Mond den Schatten der Erde durchlief. Was den Sterngucker Lauber immer beeindruckte, waren der Anblick der Sonnenflecken, die Erscheinung der Venus vor der Sonne oder das sofortige Sichtbarwerden des Mondes nach dem Sonnenuntergang.

1996 war ein besonderes Jahr mit drei spektakulären kosmischen Schattenspielen, die bei klarem Himmel zu beobachten waren. In der Nacht vom 3. auf 4. April war die erste totale Mondfinsternis, die zweite in den frühen Morgenstunden des 27. September, eine partielle Sonnenfinsternis ereignete sich in den Nachmittagsstunden des 12. Oktober.

Viel zu bestaunen.

Neben den Aufzeichnungen enthalten die beiden Logbücher Zeichnungen, Fotos, Zeitungsberichte, und manchmal werden beim Lesen Erwartung und Faszination spürbar, wenn die beiden Hobbyastronomen vor dem Teleskop stehen, wenn sie besondere Erscheinungen am Himmel zu sehen bekommen, wie den Kometen Pons-Brooks, eine Mondfinsternis oder einen Sternschnupppenregen. Auffällige, auch für die Öffentlichkeit interessante Beobachtungen der Sternwarte wurden zur Veröffentlichung an die „Donau-Post", den „Schwarzwälder Boten", den „Südkurier", die „Badische Zeitung" weitergegeben, wie etwa die Verwechslung der Venus mit Sputnik I, das Auftauchen von riesigen Sonnenfleckengruppen, die Aufnahme der Pieptöne der Sputniks und Explorer.

Als Werner Walz (der gern Astronom geworden wäre und Justizangestellter wurde) nach Freiburg zog, nahm die Zusammenarbeit zwischen den Freunden ab. Am Ende machte Lauber allein weiter und beschäftigte sich zunehmend mit Erdbewegungen, dem Wetter und dessen Abweichungen, wie die Beobachtungen und Messdaten in Logbuch 2 zeigen. Der Sterngucker wurde auch Meteorologe. Doch das Teleskop bleibt, auch wenn er nicht mehr so oft davorsteht, unverrückbares Zentrum im Haus und im Leben des Albert Lauber. Immer noch führt er Freunde, Gäste, manchmal auch Schüler hinauf zu seiner Kuppel, um ihnen per Teleskop seinen Himmel zu zeigen.

Am 6. November 2011 abends kurz nach sechs ist es soweit: nach langer Zeit ist m Okular endlich wieder Jupiter, der größte Planet, in schöner Klarheit zu sehen, umgeben von vier Monden, deutlich der rote Fleck (Vulkan) und die hellgrauen Wolkenbänder; sehr klar auch und hell an diesem Abend der Mond, übersät von unzähligen Kratern, auch Gebirgszüge sind zu sehen, so nah, so fern.

Ein Tag in der Westbaar

Minnelied

(Gedicht von Wachsmut v. Künzingen)

Swie der Walt in grüener varwe stê
und diu vogelîn hœhen iren sanc,
Doch tuet mir mîn alter Kumber wê
der mich hiure vor dem meien twanc.
Der hât vröude mir benommen:
O wê, sol mir iemer trôst vom lieben wîbe kommen?

Bräunlingen, Galgenberg, Eichbuck, Guldenen. Bildtanne mit Devotionalien und einem Ecce Homo. Wildfütterungsplätze und Jägerhochsitze. Gesangsübungen eines Jungvogels im Gezweig, ein Veilchen, das in warmem Boden sein Glück versucht.

Döggingen im Morgendunst. Ein Dorf gespalten in zwei Teile, die Dorfmitte liegt unterhalb der Bundesstraße. Ein Rathaus, eine Gaststätte, die sich „Im Kuhstall" nennt, eine Ignaz-Weißer-Straße, benannt nach einem unglücklichen Dögginger Bauernmaler, die alte Römerstraße, die Richtung Gauchach führt. Der weite Blick hinunter zur Wutachflusslandschaft, zur Gauchachschlucht, hinüber nach Unadingen mit dem Kirchturm genau in der Ortsmitte, wie sich's gehört. Zwei Schafe, die den Wanderer aufmerksam beäugen und ihre Meinungen austauschen, Greifvögel und ihr scharfes Gepfeife, das nichts Gutes ahnen lässt.

Nach Unadingen kommt man über die Gauchach, wo vier, fünf ehemalige Mühlen zu Hause sind. Eine davon ist die Guggenmühle gleich unten beim Übergang, ein stattliches Haus mit bemalten Fensterläden, das zum Verkauf angeboten ist. Nach kurzem Picknick der Aufstieg hinauf nach Unadingen, das der Wanderer zum ersten Mal betritt, weil es so abgelegen ist oder weil es gerade nicht auf seiner Strecke lag. Und dann das Dorf, das der Vorstellung von einem sehr alten, fast vergessenen Dorf entspricht: ein alter Bauerngarten mit weißen, schwarzen, braunen Hühnern, ein Rathaus mit einem altehrwürdigen Spruch über dem Eingang, eine Wagnerei und noch ein Spruch, die Kirche, wie immer ein bisschen zu groß geraten und nach verbrauchter Luft und welken Blumen riechend, der kleine Bahnhof, an dem fünf Züge am Tag halten, vier davon morgens; aber dann sind da ja auch noch die zwei frisch verputzten Gasthäuser, ein Haus mit Solardach und Claudias Früchteküche, die in die Gegenwart weisen.

Das Teersträßchen nach Löffingen, als Wanderweg bezeichnet und markiert, ist ein Sträßchen für Autos und Fahrräder. Der sonnige, schattenlose Weg scheint endlos, Löffingen, das Ziel, unerreichbar. Doch Löffingen ist nicht abgelegen, auch wenn es nicht direkt an der B 31 liegt, Löffingen ist einer der größeren Orte der Baar und der wichtigste der Westbaar, hier halten auch die Züge, die von Freiburg und Neustadt heraufkommen.

Der Ort war einst eine bedeutende Ansiedlungsstätte der Alamannen auf der Baar, unterhalb des Kurparks ist noch ein Alamannengrab aus dem 6. Jahrhundert zu sehen. Im Museum der Stadt befindet sich eine größere Anzahl von Knochen aus frühmittelalterlichen Bestattungen, vor allem vom Gewann Alenberg, ein wichtiger Beleg für die frühmittelalterliche Ortsgeschichte von Löffingen. Die Rechtsmediziner Sandra Pichler und Kurt W. Alt haben sich eingehend mit den alamannischen Gräbern von Löffingen beschäftigt, nachzulesen in einem der Hefte der „Schriften der Baar" aus dem Jahr 1995.

Im Stadtpark viel zartes Grün, Schneeglöckchen, violette Krokusse, gelbe Primeln, die Stimme der jungen Frau in gelben Jeans und mit Gitarre im Arm, die halblaut vor sich hinsingt. Ich frage sie, warum sie so traurige Lieder singe. Sie legt die Gitarre zur Seite, schaut zum mir herüber, schaut in den Park. Aber sie singe doch gar keine traurigen Lieder, sagt sie nach einer Weile, nimmt die Gitarre wieder in den Arm und singt. Ich nicke, vielleicht hat sie recht, es muss an mir liegen, vielleicht.

Der erste große Name, der in der lokalen Geschichte auftaucht, ist der des Beschützers Ritter Heinrich von Löffingen, dessen übergroßes Freskobild an einer Hauswand gleich beim Ortseingang zu sehen ist, versehen mit dem stolzen Spruch „Löffingen in der Baar steht mehr denn tausend Jahr". Da war Löffingen noch ein Dorf und nicht fürstenbergisch. Später mauserte sich der Ort zu einem wichtigen Kornmarkt und Handelsplatz für Baar und Schwarzwald. Heute ist Löffingen ein reges Landstädtchen mit einem malerischen Stadtkern, einem imposanten Rathaus, einem sogenannten Mailänder Tor (dem einzigen noch erhaltenen Tor) mit den Wappen von Fürstenberg und St. Gallen und einer Kirche, die angeblich die Reliquien des römischen Märtyrers Demetrius aufbewahrt.

Auf einem Handzettel, den man im Verkehrsamt bekommt, sind die 19 wichtigsten Bauwerke der Stadt aufgelistet.

„Eine bewegte Geschichte", versichert mir die lebhafte, gesprächige Brünette im Verkehrsamt, „Brände und Wölfe und natürlich Kriege. Der schlimmste Brand war der vom Juli 1921, 36 Häuser brannten, 200 Menschen waren obdachlos. Löffingens schwärzester Tag."

Sie scheint sich wirklich auszukennen, doch sie winkt ab.

„Steht alles in der Chronik."

Sie meint die Chronik von Herrn Hasenfuß, ein schmales Buch mit dem Untertitel „Geschichte eines Landstädtchens."

Inzwischen, räumt sie ein, sei auch eine neuere, umfangreichere Chronik erschienen, aber für sie scheint es nur die alte Chronik von Hasenfuß zu geben.

„Alles, was wichtig ist, finden Sie darin, auch die schönen Dinge."

Während ich in der Chronik blättre, überlege ich, welche schönen Dinge sie gemeint haben könnte, und bevor ich sie hätte fragen können, betritt eine Frau strahlend den Raum, und strahlend begrüßt sie meine Gesprächspartnerin. Da sich beide gut zu kennen scheinen, sind sie sofort in ein Gespräch vertieft, und ich bin allein mit meiner Chronik und meiner nicht gestellten Frage.

„Schön", sage ich, lege das Geld für das Buch auf den Tresen. „Eine Erinnerung an Löffingen."

„Oh", ruft sie, „es wird Ihnen ganz bestimmt gefallen."

Noch einmal drehe ich eine Runde durch das Städtchen, das alle kleinen und großen Katastrophen überlebt hat, trinke in einer Bäckerei einen Kaffee, höre von irgendwoher fünf Glockenschläge und mache mich auf den Weg zum Bahnhof.

„Swie der walt in grüener varwe ste / und diu vogelin hoehen iren sanc / doch tuet mir min alter kumber we / der mich hiure vor dem meien twanc / der hat vröude mir benommen / o we, sol mir iemer trost vom lieben wibe kommen …“

Auch einen Minnesänger gab es hier, sein Name ist Wachsmut von Künzingen, möglicherweise der einzige Minnesänger der Baar. Künzingen war ein Burgstall nördlich von Löffingen. In der Hasenfußchronik steht einiges über ihn, auf der letzten Seite ist eines seiner Liebeslieder abgedruckt. Fünf Strophen, fünf Strophen unerfüllte Liebe.

Auf einer Bank bei der Haltestelle leere ich meine Flasche, halte nach meinem Bus Ausschau, lese in meinem fünfstrophigen, sehnsuchtsvollen Liebesgedicht. Zwei Männer nebenan scharren mit den Füßen, sprechen über die Regierung, als sprächen sie über eine Räuberbande, eine in sich versunkene Schülerin spielt mit ihrem Handy, eine Frau mit Hut streichelt ihren vor sich hinwinselnden Cockerspaniel. Dann fährt der Bus vor, und wir steigen ein, einer hinter dem anderen, fahren Seppenhofen, Bachheim, Döggingen entgegen.

In den Wutachflühen

Los geht's ab der Aussichtskanzel bei zwei knorrigen, gekrümmten Eichen und dem Blick in die Tiefe. Zwei Wege führen durch die Flühen links der Wutach. Gerhard und ich gehen den oberen, ein schmaler, gekrümmter, krumpeliger, unebener Pfad unter Kalksteinwänden (Flühen), vorbei an Dobeln und abgestürztem Felsgestein durch den offenen Flühenwald, der ein Bannwald ist. Alles steht unter Naturschutz, auch der in Stein gehauene Löwe oder die Raupe des schädlichen Kieferschwärmers.

Die Wutachflühen: ein aufblühendes, wachsendes, dahinmoderndes, vergehendes Ganzes. Lebende, hängende, tote, bemooste, verkrüppelte, geknickte Bäume. Darunter Veilchen, Seidelbast, Buschwindröschen, Schlüsselblumen, ein ganzer Hang mit Hirschzungen, der seltene scharlachrote Kelchbecherling, der Geruch von Bärlauch, der noch gar nicht blüht, und irgendwann erreichen wir die erste der Märzenbecherwiesen. Schmale Blätter, weiße, glockenförmige Blüte, sechs Blütenblätter. Sie blühen schon seit Wochen, und einige von ihnen werden noch weiter blühen. Eine Wiese reiht sich an die andere. Es gibt ja noch viel anderes zu sehen, aber die weißen Frühblüher haben es uns angetan. Julia, die es sich nicht nehmen lässt, ihnen jedes Frühjahr ihre Aufwartung zu machen, weil sie ihr das Ende des ungeliebten Winters verkünden; die von Wiese zu Wiese geht im Glauben, sie würden immer schöner, wo sie doch wohl immer die gleichen sind. Manchmal ragen über uns Felstürme wie Burgtürme aus dem Kalkmassiv heraus, während auf der anderen Seite der Wutach die Dächer der hochgelegenen Häuser von Blumegg zu sehen sind.

Nach knapp zwei Stunden kommen wir unten auf dem Talweg an, der in nördlicher Richtung nach Achdorf (unterer Flühenweg 5,5 km) führt, südlich nach Grimmelshofen und Weizen (5,0 km). Wir werden den Weg nach Weizen über Lausheim-Blumegg gehen. An der Eisenbahnbrücke, die sich hoch über das Tal schwingt, machen wir kurz Halt. Gerhard, der die Kamera zückt. Eine Informationstafel erklärt, was es mit dem hundert Meter langen Viadukt der Strategischen Bahn auf sich hat, die vor dem Ersten Weltkrieg für 37 Millionen Goldmark gebaut worden war, um für den Truppennachschub vom Hochrhein und Bodensee über Donaueschingen an den Oberrhein und ins Elsass zu sorgen (man ahnte die Katastrophe). Der Bau der Brücke hatte wegen der geologisch bedingten Rutschungen den Bauingenieuren viele Sorgen bereitet, sogar eine Belastungsprobe musste durchgeführt werden. Die Erde ist immer noch in Bewegung.

Statt der Strategischen Bahn fährt heute die Museumsbahn, die „Sauschwänzlebahn", ab 1. Mai jedes Jahr von Blumberg-Zollhaus bis Weizen. Vor etwa dreißig Jahren war ich das letzte Mal mit der Museumsbahn nach Weizen gefahren, und noch heute habe ich das gleiche Bild vor mir: ein alter sandsteinfarbener Bahnhof mit verqualmter Bahnhofswirtschaft am Rande des Waldes gelegen, am Rande der Welt. Vielleicht war dies der Grund der Wanderung: den alten Weizener Bahnhof wiederzusehen.

Zwei Männer mit roten Rucksäcken.

„Wie geht's, wie geht's?"

Sie kommen von Blumegg herunter, wollen nach Achdorf weiter.

„Der Weg ist blau von Leberblümchen, und der „Hirschen" in Blumegg hat zugemacht."

Sie scheinen enttäuscht.

Der „Hirschen" war die einzige Wirtschaft in Blumegg, und bis Achdorf zur „Scheffellinde" ist es noch ein ganzes Stück. Sie schauen zum Viadukt hinauf, schauen ins Tal hinab, nicken, und nickend ziehen sie weiter, Achdorf entgegen, der „Scheffellinde" entgegen.

„Ich habe nichts gesagt. Ein Weg ist überall. Ein jeder geht", weiß uns der Heubacher Dichter Walter Gröner zu sagen. „Die großen Brecher kommen, wenn du nass im Farnkraut stehst. Lass fatzen. Hoch den Gaul! Er kleppert auf den Wolkenflügeln über Gams und Maus und Reh."

So viele Dichter, er aber ist einer.

Wir gehen ein Stück die Wutach entlang, es ist schön, an einem sonnigen Morgen am Fluss entlang zu gehen, ich wollte, wir könnten den ganzen Weg bis Weizen am Fluss entlang gehen. Doch am Bahnhof Lausheim-Blumegg geht es hoch in den Wald hinauf. Lange Laubwege, zwei Rehe, die unseren Weg kreuzen, ein Hase, der sich davonmacht. Picknick.

Gespräche über die Regionalwährung (Gwinner), über den ehemaligen EnBW-Chefmanager, der sich von seinem neuen Unternehmen ein Startgeld von neun Millionen auszahlen lässt, über Deadly Dust und John Law, Mörder, Weiberheld, Finanzgenie, und was man tun muss, um beim Laufen nicht zu stürzen, und wenn man stürzt, was man tun muss, damit man schadlos stürzt. Gerhard, der Sportlehrer, der Bescheid weiß. Ich verspreche, es mir zu merken, aber da ich nie stürze, brauche ich es mir eigentlich nicht zu merken.

Der lange Waldweg, der gar nicht so lang ist, aber mir seltsamerweise so lang erscheint. Unter uns in der späten Mittagssonne die Häuser von Grimmelshofen, die Straße, die nach Stühlingen führt. Keine Wanderer, auch keine Wildtiere mehr, dafür Laute von Vögeln, deren Namen wir nicht kennen. Weit kann es nicht mehr sein. Ich freue mich auf Weizen, auf den Bahnhof, auf das Ende der Welt. Ich habe es sogar auf einem Film, damals habe ich noch gefilmt. Den einen Weg bin ich gegangen, den anderen mit der Bahn zurückgefahren. Es muss im Sommer gewesen sein, ein heißer Tag mit vielen Ausflüglern, viel Lärm und Gesinge und Rauch. Ich glaube, es war ein Sonntag.

Schweigend ziehen wir durch den Bergwald, die Häuser von Grimmelshofen liegen hinter uns, noch weiter hinter uns liegen die Wutachflühen. Um den Rucksack zu leeren, machen wir noch einmal eine Rast, verzehren die Reste des Proviants, trinken und steigen endlich nach Weizen zum Bahnhof hinab. Dort schaue ich mich um. Aber ich kann mich umschauen, solange ich will: Nie werde ich finden, wonach ich suche. Das Bild von damals ist ein Phantom, und das hier ist ein anderes Bild. Der Bahnhof eine Art Provisorium aus Blech, eine Haltestelle mit Dach und Plastiksitzen, und wo der Wald war, ist STO, ein gigantischer Komplex aus Gebäuden und Parkplätzen und Zufahrtstraßen, fast ein kleiner Ortsteil für sich.

So also sieht es aus.

Wir gehen auf STO zu, Gerhard, um zu fotografieren, ich, um nach meinem alten Bahnhof zu fragen. Die junge Frau an der Rezeption ist freundlich und zu jung, um zu wissen, dass da, wo STO steht, einmal Wald war. Nein, sagt sie, sie kenne es nicht anders, und um mir eine Freude zu machen, drückt sie mir ein Informationsblatt in die Hand. „STO – hinter diesen drei Buchstaben versteckt sich weit mehr als nur hervorragende Baustoffe und Farben."

Baustoffe und Farben.

Ich gehe noch einmal zum Bahnhof, zum neuen Bahnhof, der gar keiner ist, nicht der, den ich suche.

„Wir laden Sie ein, die Welt von STO neu zu entdecken. Ihre Philosophie, ihre Produktion, ihre Logistik, ihren Service und natürlich die Menschen, die hinter all dem stehen. Willkommen! Erleben Sie STO! Schrittmacher für umweltbewusste menschliche Lebensraumgestaltung."

„Vielleicht habe ich das wirklich nur geträumt, das mit dem Bahnhof und dem Wald", sage ich.

STO-Laster, die vorbeirauschen.

„Alles ist Veränderung", stellt Gerhard lakonisch fest und steckt seine Digitalkamera in die Tasche, „alles."

Die Wutach im Frühling
—
Von der Schattenmühle zur Wutachmühle

Wo die Haslach in die als „Seebach" am Feldberg entspringende Gutach mündet und der Fluss dank des stärkeren Gefälles einen zunehmend wilden Charakter annimmt, beginnt die *Wutach*. Von hier bis zur Mündung in den Rhein beträgt die Flusslänge etwa 90 km, davon 30 km die Schlucht. Das Wutachtal ist – erdgeschichtlich gesehen – eines der jungen Täler, unfertig, immer in Bewegung, daher die nicht endenden Erdrutsche und Felsstürze.

Der Mittelteil der durch Erosion geformten Wutachschlucht, auch Hauptwanderstrecke, liegt zwischen Schattenmühle und Wutachmühle und ist ca. 13 km lang. Was eine Wanderung in diesem Teil der Wutachschlucht so anregend und kurzweilig macht, sind floristische Vielfalt und landschaftliche Veränderungen. Wenn man von der Wutach spricht, muss man auch vom Schwarzwaldverein sprechen, denn der Umstand, dass die Schlucht überhaupt begehbar und Naturschutzgebiet ist, ist dem Schwarzwaldverein zu verdanken, der sich seit mehr als hundert Jahren um das Wutachtal kümmert. Info-Tafeln bei der Schattenmühle und in Bad Boll geben Auskunft über die Wegstrecke, über Flora und Fauna, Geologie, Naturschutz, Siedlungsgeschichte u. a.

Bei der *Schattenmühle* (der Name hat mit dem wenigen Sonnenlicht im Winter zu tun) beginnen Gerhard und ich unsere Wanderung links der Wutach mit leichtem Aufstieg und Ausschau haltend nach den Frühblühern wie Waldveilchen, hochstieligen Waldschlüsselblumen, Sumpfdotterblume, Lerchensporn, rosafarbenem Springkraut, gelbem Barbarakraut und allem, was Farbe hat. Gerhard, der den Ehrgeiz hat, die Farbe so perfekt auf seinen Bildern wiederzugeben wie sie uns in der Natur erscheint.

Bei der einstigen Zollstation und Dietfurter Mühle (Säge- und Gipsmühle) überqueren wir die Wutach und gehen von nun an auf der rechten Seite des Flusses, der Schattenseite. Der Weg wird breiter, das Tal wird breiter, und der Blick geht in die Weite. Ein stämmiger Mann mit Spiegelreflexkamera und Stativ, zwei vergnügte Frauen, die nach dem Namen einer Blume suchen, ein Mann aus dem Schwäbischen, der nach dem Apollofalter Ausschau hält.

Erneuter Aufstieg, der Wald, der sich für eine große Talwiese öffnet, auf der einst ein Kur- und Badehaus stand.

Der Kurbetrieb von *Bad Boll* erlebte seine große Zeit in den letzten dreißig, vierzig Jahren vor dem Ersten Weltkrieg. Seine Heilquelle soll vor allem gegen Rheuma und Hautkrankheiten geholfen haben, doch auch die Wutach als Fischgewässer (Forellen) war gefragt, vor allem von Engländern, und Ende des 19. Jahrhunderts wurde das Kurbad dann auch vom Londoner „Fishing Club" übernommen. Der Erste Weltkrieg und die Verschmutzung der Wutach durch die Abwässer der Papierfabrik in Neustadt führten zum Niedergang des Badebetriebs. Nichts, was heute auf die Geschichte dieses Talabschnitts hinweist (außer der leerstehenden Kapelle am Rand der Wiese), auf Kurparkanlage, flanierende Kurgäste, Kur- und Badeleben. Stattdessen ein paar Bänke, Gelegenheit zu einem Picknick und zu Phantasien über einen Badetag in Bad Boll vor hundert Jahren.

Von Bad Boll aus suchten die unruhigen Engländer die Schlucht ein paar Kilometer weiter abwärts zu erschließen. Doch waren es der Ingenieur Karl Rümmele und italienische Bauarbeiter, die Steig und Steg in den Muschelkalk sprengten und den Weg durch die Schlucht freimachten und sicherten und dem Schwarzwaldverein Arbeit bis zum heutigen Tag bescherten wie Steinschlag und Schutt aus dem Weg räumen, Seilsicherungen flicken u. a.

Von Bad Boll führt die alte Allee von Linden, Eschen und Ahornbäumen durchs Tal auf den *Ludwig-Neumann-Weg*, und am Ende der Talwiesen führt ein Pfad, gesichert von Drahtseilen, zur Felswand hinauf mit dem Blick von der Felskanzel auf den Fluss, die Schotterbänke, den Auwald, bis es wieder zur Talsohle hinuntergeht zu einer weiteren Waldwiese und zu einer Hütte, die dem Schwarzwaldverein gehört und die nach dem einstigen Vorstand des Wasser- und Straßenbauamts Bonndorf, Hermann Schurhammer, benannt ist. Diesem Mann ließen der zunehmende Kahlschlag und die unkontrollierten Industrieabwässer keine Ruhe, bis die Schlucht zum Naturschutzgebiet erklärt wurde. Das war 1939. Damit schien die Wutach gerettet.

Doch schon drei Jahre später beantragte die Schluchseewerk AG bei den Ministerien in Karlsruhe die Nutzung des Wutachwassers, und so ging der Kampf um die Wutach weiter, diesmal gegen das Schluchseewerk, das eine 62 m hohe Staumauer in die Schlucht bauen wollte, wodurch der Wutach nur noch ein Viertel ihres Wassers geblieben wäre. Dieser Kampf erreichte seinen Höhepunkt Mitte der fünfziger Jahre, als es unter der Führung von Fritz Hockenjos, Forstmann, Obmann der Arbeitsgemeinschaft Heimatschutz Südbaden und späterer Präsident des Schwarzwaldvereins, einer Bürgerinitiative gelang, die Durchführung des Projekts zu verhindern (nachzulesen in der Vereinsschrift des Schwarzwaldvereins 1/2009 und ausführlicher in Heft 3 der Schriftenreihe der Arbeitsgemeinschaft Schwarzwald).

Im Herbst '97 stellte die damals hauptamtliche Naturschutzwartin des Landschafts- und Naturschutzgebiets Regina Franke ein neues Schutzkonzept für die Wutachschlucht vor, in dem vor allem der Schutz der Flächen vor menschlicher Nutzung und die „naturverträgliche Erholungsnutzung" angesprochen wurde und das für eine offensive Öffentlichkeitsarbeit warb. Spätere Konzepte gingen so weit, die Besucherzahlen (ca. 100 000 Besucher im Jahr) zu reduzieren, aber wie? Der dauerhafte Kampf um die Wutachschlucht.

Der Fluss, der immer wieder seine Richtung ändert, von einer Seite zur anderen pendelt, mit und ohne Kiesbänke, und überall ausgedehnte Pestwurzfluren, Markenzeichen des Wutachtals, die Talsohle, die sich verengt, der neue Rümmelesteg, ca. dreihundert Meter entfernt der eingestürzte alte Rümmelesteg. Hier versickert der größte Teil des Wassers in der Felswand, und es wird still, doch einen Kilometer weiter hört man es wieder rauschen, wenn das Wasser aus den Felsspalten schießt.

Auf dem Steg der stämmige Mann mit Spiegelreflexkamera und Stativ, dessen Augen überall sind, eine kleine Frau mit ihrem Töchterchen, die hier Urlaub machen.

An der Gauchachmündung kann der Fluss mit Hilfe des Kanadierstegs überquert und die wilde, dicht bewachsene *Gauchachschlucht*, eine Nebenschlucht, begangen werden, bis hinauf zum Naturfreundehaus Burgmühle, zur Lochmühle, wo der Prediger und Paradiessucher Ambros Oschwald („Jeder fördere nach Kräften seines Nächsten Wohlfahrt") 1801 geboren wurde und von der nichts mehr zu sehen ist, zur Kapelle der Grünburg, zur Guggenmühle und zum Bahnhof Döggingen oder zum Alten Posthaus. Im Gegensatz zur sogenannten Wutachschlucht hat die Gauchachschlucht den Charakter eines wirklichen Schluchttals, wild, urig, eng, dicht bewaldet, nahe, steile Felswände und so gut wie unverfälscht, etwas für Romantiker mit Sinn fürs Dunkle.

Gerhard und ich bleiben auf dem Weg, auch der Mann mit der Spiegelreflexkamera, auch die kleine Frau mit dem Mädchen, die aus Hattingen kommt und zu jenen Menschen gehört, denen man gerne etwas Freundliches sagen möchte, ab und zu. Es geht eben weiter, ohne Felspartien, dann ein ganzes Stück weit entlang der Wutach, dann durch den Wald. Ein Waldarbeiter bei der Arbeit. Gerhard: „Schön jemanden zu sehen, der was tut." Er ist 85 und hat noch erlebt, wie das Holz auf der Wutach befördert wurde und wie ein Hochwasser das ganze Tal überschwemmte und die Hänge zum Rutschen brachte. Gerhard ist beeindruckt und macht zwei Fotos von dem Mann.

Dann öffnet sich der Wald, und die *Wutachmühle* wird sichtbar, die bis in die achtziger Jahre des letzten Jahrhunderts Gasthaus war und in dem ich einmal an einem Sonntagnachmittag mit der Familie unter einer tiefen, verzierten Holzdecke saß, bedient von Kellnerinnen in Schwarzwälder Tracht, umgeben von lauten, frohsinnigen Sonntagsausflüglern wie aus dem Heimatfilm. Das Haus steht unverändert, daneben Lagerplatz und Sägewerk. Oberhalb die große Wutachbrücke, die Autostraße und die Haltestelle für die Busse, die in den Schwarzwald fahren oder hinauf auf die Baar.

Sabine
—
Reisende zu Pferd

Seit achtzehn Jahren gehört Amira, die Erhabene, Sabine Matschkus, zuvor hatte diese auch noch andere Pferde geritten, aber keine war wie die zweiundzwanzig Jahre alte Hannoveraner-Stute. Amira ist klein geblieben, hat die Farbe des Fuchses und geht voran: das Trakehnerblut schlägt bei ihr durch. Ihre Ausstrahlung kommt aus den Augen, dem Blick, der sagt, was los ist, der Gelassenheit verrät, manchmal auch Trauer wie beim Tod ihrer Weidegenossin Sarah.

Ob es sich um Ausritte auf der Baar oder um einen Fernritt handelt, immer wieder bleibt Amira stehen, um Dinge in Augenschein zu nehmen, die ihr auffällig erscheinen. Manchmal scheint es für Pferd und Reiterin keine reale Zeit zu geben, sondern nur diese Augenblicke des Stillstehens und Schauens. Die Stute ist dominant, nicht Alpha-, aber Beta-Tier, sie ist gern vorne, sie liebt neue Wege, oft begangene Strecken langweilen sie, warum sollte es einem Tier anders ergehen. Im Winter ist Amira im Laufstall bei Lieselotte Kornhaas in Marbach zu Hause, im Sommer auf der Kirchdorfer Höhe.

Das Reiten auf der Baar, diesem „kraftvollen Landstrich", ist für Sabine Matschkus mehr als ein Freizeitvergnügen. Was sie an der Baar liebt, ist die Weite oder das Gefühl der Weite, auch ein Gefühl der Heimat, das sie vor allem empfindet, wenn sie mit ihrem Pferd von großer Reise heimkehrt.

Die große Reise. Die dreiundvierzigjährige Villingerin Sabine Matschkus hat mit ihrem Pferd ungewöhnlich große Reisen unternommen, war monatelang ohne Begleitfahrzeug und ohne feste Quartiere mit Amira und Freund Roland unterwegs, ritt quer durch Polen, durch die Masuren, nach Litauen bis zur Hafenstadt Klaipedia (früher Memel), wo die Familie ihres Vaters ihre Wurzeln hat. Und sie zog durch Westeuropa, auf dem Algarve-Trail durch Südportugal in das spanische Zentralmassiv und über die Pyrenäen nach Südfrankreich. Freunden hat sie in ihren Reisebeschreibungen darüber berichtet.

Diese Art zu reisen ist natürlich wenig komfortabel, und Berichte aus reiterlicher Sicht fallen anders aus als aus touristischen Reisebüchern. Voraussetzung für eine solche Art von Reise ist das nahezu blinde Vertrauen in den Reisebegleiter, das Pferd, wozu die dauernde Verständigung per Körperhaltung und akustische Signale gehören, und manchmal genügt ein Blick, um an Gesichtsausdruck und Bewegung zu erkennen, ob alles in Ordnung ist. Hinzu kommen, nach Sabine Matschkus, ungebrochener Wille und gemeinsames Durchhaltevermögen.

Reiter und Pferde halten durch. Abseits der Städte geht es mit zehn Kilogramm Gepäck (Schlafsack, Zelt, Spirituskocher, Topf, GPS, Netbook, Landkarten, Wanderweidezaun) über Sandwege, einspurige Schotterstraßen oder uralte Viehtriebswege durch Wiesen und Wälder, über Berge und einige Male über die Grenzen der körperlichen und mentalen Kräfte hinaus wie bei der zweitägigen Überquerung der Pyrenäen bei Sturm und Regen. „Manchmal stand ich, den Tränen nahe, hungrig und frierend, von Naturgewalten hin und her gebeutelt."

Warum diese Reisen? Es sind die Momente, die Entdeckungen, die Stille, die Loslösung von Festgefahrenem und das Sammeln von neuen

Energien und Erfahrungen. Sabine Matschkus: „Ich fühlte mich leer, farblos und immer nutzloser, ich suchte nach Wegen, meinen Platz in der Welt wieder zu finden." „Das Leben verläuft intensiver, und es passiert etwas mit einem, heimlich, im Verborgenen." „Ich kann viel klarer sehen, und Probleme sind zu Aufgaben geworden, die zu lösen sind." Zu all dem, so die Reisende, tragen die Pferde bei, wenn man sich ihrem langsamen Tempo anpasst, wenn man ihre Ruhe und Gelassenheit annimmt.

Eine Viertagestour nach Grimmelshofen durch die Wutachflühen ist geplant für die Zeit, bevor der Winter kommt, und im nächsten Jahr eine Norddeutschlandreise; die großen Traumreisen liegen im Osten, Baikalsee, Nepal.

Sabine Matschkus lebt in einer Villinger Wohngemeinschaft, arbeitet als Bauzeichnerin in einem Ingenieurbüro in Donaueschingen, liebt Musik von Orff, das ferne Meer, die Freiheit, zeichnet gerne mit Pastellkreide, interessiert sich für Geschichte und Paläontologie, die Geschichte des Tier- und Pflanzenreichs. Die Natur, das ist ihre Welt. Tiere, Bäume, der Wechsel der Landschaft. „Ich unterhalte mich mit allem, was vor meinen Füßen herumkrabbelt, und vor wichtigen Entscheidungen gehe ich gerne in den Wald." Das heißt nicht, dass sie den Menschen ausweicht. Für die Reise in den Osten hat sie Russisch gelernt, um den Menschen näher zu kommen, um sie zu verstehen. Auch führt sie Tagebuch.

Wie Jessica Ziener, die Klengener Reiterfreundin, die seit dem fünften Lebensjahr reitet und mit ihrem Pferd Stella durch Brandenburg und Frankreich geritten ist, kann sich Sabine Matschkus ein Leben ohne Pferde nicht vorstellen. Seit sie denken, haben beide mit Pferden zu tun. Pferde sind Teil ihres Lebens.

Aus der Geschichte der Baar
—
Atomsprengköpfe im Weißwald

Beckhofen, sieben Häuser, darunter die ehemalige Dorfwirtschaft „Ochsen", drei alte Bauernhöfe mit hohen, tiefgehenden Dächern, das Haus der Metallkünstlerin Agnes Schrickel. Der Weg zur Weißwaldhütte, zwischen den Fichten mattes Grün. Leuchtet die Sonne in den Wald, leuchtet auch das matte Grün da. Links an der Hütte vorbei führt der kürzere Weg, rechts der längere, ich wähle den längeren, Richtung Hohe Mark, Tannheimer Straße, Abbiegung. Der Weg ist eine breite, asphaltierte Straße, denn dies ist eine Militärstraße. Sie wurde vor einem halben Jahrhundert in den Wald geschlagen und mündet nach gut einem Kilometer in ein offenes, weites Wiesenareal, das Munitionsdepotgelände.

Ich mache ein Foto.

Ein kleiner, älterer Mann tritt aus dem Gebüsch.

„Was fotografieren Sie da, da ist doch nichts."

Ich fotografiere das Nichts, das aus einer Wiese besteht.

Ich mache ein zweites und drittes Foto.

Auch ein paar Solitärbäume sind zu sehen.

Der Mann lässt mich nicht aus den Augen, die Blicke eines Wachmanns.

Vielleicht war er einmal Wachmann hier oben, Wachmann eines Munitionslagers, der immer mal wieder vorbeischaut, weil er es so gewohnt ist.

Sein Blick, sein Abwägen, sein Schweigen.

„Auf dem großen Wiesengelände rechts der Straße war das Depot, auf dem kleinen links der Straße das Verwaltungsgebäude, nicht wahr?"

Er schweigt, überlegt. Schließlich sagt er: „Das Depot war scharf bewacht, Stacheldraht, Lichtfluter, Hunde, und Wachsoldaten, die über die Wachmänner wachten."

„Wirklich?"

Er schweigt, scharrt mit den Stiefeln, macht Anstalten zu gehen.

„Hier haben sie Atomsprengköpfe gelagert, heißt es."

Er tut, als habe er nicht gehört.

„Ich war Waldarbeiter hier oben", sagt er zum Abschied, blickt in das abgeholzte Gelände, „ist lange her."

Im gutgeführten Stadtarchiv in Villingen las ich zwei Vormittage lang in Akten zum „Munitionsdepot", „Munilager", „NATO-Lager" im Weißwald. In Schreiben des Bürgermeisteramts und des Städtischen Forstamts, in Aktenvermerken und Sitzungsprotokollen aus der ersten Hälfte der sechziger Jahre des letzten Jahrhunderts ist vom Standard-Munitionslager in Villingen die Rede mit „59 (?) Munitionshäusern", von Verlegungen, von Planungen, von der Idee einer „Errichtung eines NATO-Lagers im Weißwald", von „Erschließungskosten", vom Beschluss, das Standortsmunitionslager in den Weißwald zu verlegen, wofür die deutsche Seite die Kosten tragen solle, und die Mitteilung, „dass der amerikanische Teil des Munitionslagers (Raketen-Munition) bereits in das neue Munitionslager bei Überauchen verlegt worden ist", und dann ist noch die Rede von „hochexplosiver Munition" und „Sprengköpfen". Das Wort Atomsprengköpfe taucht nicht auf, wie es auch keine präzisen Angaben gibt zur Anlage, zur Waffen- und Munitionslagerung, zur Art und zum Ablauf der Tätigkeiten im Militärbereich.

Von Atomsprengköpfen ist in einem Artikel von Frank Volk im „Südkurier" vom 16. August 1997 die Rede. Volk hatte recherchiert, war dem „bestgehüteten Geheimnis" nachgegangen: der „Lagerung von Atomsprengköpfen der Amerikaner ... bis 1968 auf einem Landesareal im Weißwald auf Gemarkung von Brigachtal-Überauchen." Konkretes dazu, so Volk, war nicht zu erfahren, „nicht von Militärs, nicht von dem Geländeverwaltern und schon gar nicht von altgedienten Stadträten wie dem Villinger Arnulf Wunderlich, der sich erinnert, ‚wie in den fünfziger Jahren Kanonen zum Abschuss von Atomsprengköpfen durch die Stadt gefahren wurden ... und dass sich sowohl die Amerikaner wie auch die Franzosen sehr ungern in ihre militärischen Angelegenheiten dreinreden ließen'. Wunderlich: ‚Wir wurden weder informiert noch gefragt.'"

Spricht man mit Forstleuten darüber, heißt es: Wahrscheinlich waren Atomsprengköpfe im Weißwald gelagert, beweisen kann man es nicht. „Ja", sagt Wolf Hockenjos, Forstdirektor und ehemaliger Forstamtsleiter von Villingen-Schwenningen, der sich ausführlich mit dem Weißwald und seiner Geschichte („Weißwald – ein deutsches Waldrätsel") in seinen „Waldpassagen" beschäftigt und der den Abriss der Lagerbaureste Ende der neunziger Jahre nach dem Abzug der Franzosen organisierte, „ja, es gab Atomsprengköpfe."

Steht man da etwas ratlos an diesem trüben Dezembertag auf dem einstigen Militärgelände, stellt man sich vielleicht Fragen wie: Was alles wurde hier eigentlich gelagert? Warum macht man noch heute ein halbes Jahrhundert danach ein Geheimnis daraus? Wie sah es um die Sicherheit für die ringsum lebende Bevölkerung aus? Gab es nach der Aufgabe der militärischen Anlage eine Altlastenuntersuchung?

Schlenker
—
In der Welt zuhause

Hermann Schlenker, Fotograf, Filmemacher, Weltreisender, Forscher, vierzig Jahre mit der Kamera durch die Welt ziehend und immer auf der Suche nach dem Anderen. Hellwach, offen, neugierig wie alle Suchenden lässt er sich in Afghanistan von einer Familie adoptieren, um in die Häuser zu gelangen, sucht im Grasland Kameruns dem Geheimnis der Medizin der Tikar auf die Spur zu kommen, lebt bei den Yanomano an den Quellflüssen des Orinoco, um das einfache Leben kennenzulernen, folgt in der Nacht einem Beerdigungszug durch den Urwald, der es eilig hat, weil der Tote es sich ja noch einmal anders überlegen und ins Dorf zurückkehren könnte. Und immer dabei die schwere Kamera, Batterielampen, Tonbandgerät und ein Generator zum Laden – ganz ohne die heutige Technik.

Entdecken, sehen, festhalten. Der schönste Augenblick im Leben des Entdeckers: den Auslöser drücken, der etwas festhält, was ihn bewegt und vielleicht auch andere bewegt. Die Sinne ganz auf Empfang gestellt.

Das ganz Andere, das Besondere, das vielleicht noch nie Gezeigte zeigen, darin liegt der Ehrgeiz des Altmeisters des Dokumentarfilms Hermann Schlenker. Ja keine halben Sachen, keine Schnellschüsse, keine billige Ethnofilmerei, nicht Lyrik, sondern nüchterne Authentizität.

Schlenker erzählt, wie intensiv sein Arbeiten war, wie er alles selbst gemacht hat (Produzent, Organisator, Kameramann, Tontechniker, Filmcutter), wie er sich auf keine Kompromisse eingelassen hat, um frei zu sein, wie er sich geplagt hat in seiner Arbeit, in der Finanzierung seiner Projekte und Expeditionen („Ich habe mit jedem neuen Film alles riskiert und alles in den nächsten Film investiert") und in den nicht immer einfachen Beziehungen mit seinen Auftraggebern und mit sogenannten Wissenschaftlern. Ein hartes Berufsleben, das nicht immer die Anerkennung fand, die es verdiente, wie Schlenker bitter anmerkt.

Hermann Schlenker, Spross einer alteingesessenen Schwenninger Familie, machte eine Lehre in Feinmechanik und Uhrmacherei sowie eine Ausbildung in Fotografie, seiner stillen Liebe. In der Oberdorfstraße 15 im Schwenninger Stadtbezirk fing alles an, winziges Studio, Filmschlangen, Schneidepult. Und irgendwann hielt es ihn nicht mehr, und so brach er mit seiner bescheidenen Kamera-Ausrüstung, zwanzig Mark und viel Begeisterung auf, um einen Traum zu verwirklichen. Island war die erste Station, wo er Isländisch lernte, um Land und Menschen näher zu kommen, wo er in die Fischfabriken ging und die Strandvögel beobachtete. Das in jenen Tagen erschienene Buch „Island − Vogelland", sein erstes Buch, zeigt, auf was es dem Entdecker und Bildermacher ankam: das scheinbar Unscheinbare sichtbar zu machen, ein Sturmvogel im Schutz eines Felsdachs, der vage, ins Ferne gerichtete Blick eines Basstölpels, der auf dem Felsrand mit halbausgespannten Schwingen zum Flug bereite Kormoran, der kleine, scheinbar hilflose Goldregenpfeifer, dem man zu Hilfe eilen möchte.

Eigentlich hatte Schlenker Tierfotograf werden wollen, doch mehr und mehr wandte er sich nach den Erlebnissen und Erfahrungen in Burma, Afghanistan und Malaysia dem Menschen und seiner Kultur zu. Was ihn faszinierte und immer noch fasziniert, ist die Vielfalt der Kulturen, besonders die Kultur der Naturvölker, die Lebensweise der indigenen Gesellschaften und ihr ursprünglicher Wertekanon (Es kommt alles auf das Gleichgewicht an; die Gemeinschaft ist wichtiger als das Individuum; Respekt vor allem, was dich umgibt; nimm nur so viel, wie du brauchst). Um diese Kulturen zu verstehen, eignete er sich ethnologisches Wissen und Sprachkenntnisse an, führte Tagebuch. Und er gründete eine eigene Firma, produzierte 16 mm Filme in über 60 Ländern. Auftraggeber waren u. a. BBC London, die Internationale Film Foundation in New York (IFF), ZDF, ARD und SWR, vor allem produzierte er für das Institut für den wissenschaftlichen Film (IWF) in Göttingen. In seinem Filmarchiv finden sich neben ethnologischen Filmen auch Filme zur Kunstgeschichte, Religionsgeschichte und Ökologie.

Merkmal der Schlenkerfilme: lang anhaltende Sequenzen, einprägsame Bilder, wissenschaftlich fundierte Aussagen, zu erleben in den großen Expeditionsfilmen bei den Bergstämmen in Nordthailand, in Afghanistan, wo er 18 Monate verbrachte und 23 Filme drehte und seinen ersten Fernsehfilm, in Pakistan und Malaysia, bei den Kopfjägern in Papua-Neuguinea, bei den frommen Mönchen in Tibet, wo er den Riten des Lamaismus nachging, dem wissbegierigen Dalai Lama seine Kamera erklärte und in Kooperation mit der Uni Zürich zwölf Filme drehte.

Mitte der siebziger Jahre führten ihn seine Filmdokumentationsreisen bis nach Indien und Ladakh und in die Südsee, wo er ein halbes Jahr lang auf einem Atoll lebte, an dem nur zweimal im Jahr ein Schiff anlegt, um das getrocknete Fleisch der Kokosnüsse abzuholen. Er drehte einen Film über Burle Marx in Brasilien, Filme über Kunst und Religion in Äthiopien und über die Dogon in Mali und in Namibia über das aussterbende Volk der Ova Himba, wo er lernte, „dass der Mensch sich von Milch ernähren kann und ein Leben ohne Abfall möglich ist", und irgendwann wandte er sich auch der heimischen Volkskunde zu, dem Schwarzwald, dem Schwenninger Maler Müller-Hanssen sowie ökologischen Themen.

Wo war es am schönsten? Der Schwenninger Dokumentarfilmer rühmt das farbige Leben im südöstlichen Teil Asiens, die Heiterkeit der Menschen, die etwas mit Einklang zu tun hat. Die Insel der Seligen hat er nicht gefunden. In seinem Thailand-Tagebuch heißt es nüchtern: „Es ist gut, längere Zeit in einem Eingeborenendorf zu sein. In den ersten

Tagen hat man den Eindruck, ein Paradies entdeckt zu haben, in dem es nur Glück, Freiheit und Zufriedenheit gibt. Aber auch hier gibt es Krankheiten, Streit, Habsucht, Trunk- und Rauschgiftsucht, Ehen werden geschieden und Morde vollbracht. Es gibt nächtliche Schießereien, Waffenschmuggel und Dorfkriege, und wenn die ausgemergelten Forscher müde weiterziehen, dann haben sie gelernt, dass das Glück und die Armut und das Elend auf der ganzen Welt nahe beisammen wohnen und dass die menschlichen Regungen in jedem Winkel der Erde im Grunde dieselben sind."

So kam ihm auch nie die Idee zu bleiben, sich am Ende gar auf der Trauminsel niederzulassen, wie man es von Künstlern kennt. „Man geht eigentlich nur fort, um wieder heimzukommen." Im Haus am Hutzelberg in Burgberg bei Königsfeld war sein Zuhause, auch sein Filmstudio; jetzt lebt er in Königsfeld zusammen mit seiner Frau Anny, die ihn auf seinen späteren Reisen begleitete und die die Tonaufnahmen machte.

Was bleibt? Dreihundertfünfunddreißig Filmtitel, die Erfüllung eines Jugendtraums, die Bestätigung des eigenen Könnens, der geübte Blick, die Wertschätzung der Vielfalt. Und die Erinnerungen. Was die Erhaltung der alten Kulturen betrifft, verhehlt Schlenker seine Skepsis nicht. Gleiches gilt für die Natur. „Wir sollten uns überlegen, wie lange wir uns die Ausbeutung der Natur noch leisten können." Die Macht des ungebremsten Fortschritts, der uns in alle möglichen Bedrängnisse führen kann bis zur gänzlichen Zerstörung.

Hermann Schlenker weiß viel, mehr noch: er weiß, Wissen weiterzugeben.

Was von der Geschichte übrigblieb

Ein offenkundiges Merkmal allen Lebens ist die Vergänglichkeit. Johann Peter Hebel sagt es mit den Worten des Ätti so: „'s chunnt alles jung und neu, und alles schlicht / sim Alter zue, und alles nimmt en End / und nüt stoht still. Hörsch nit, wie's Wasser ruuscht / und siehsch am Himmel obe Stern an Stern? / Me meint, vo alle rühr sie kein, und doch / ruckt alles witers, alles chunnt und goht ..." Was bleibt, sind ein paar Spuren, ferne, lautlose Stimmen, verblassende Bilder, bröckelndes Mauerwerk und Schutt – oder auch nichts.

Nichts geblieben ist vom Jagdschloss auf der Länge oder fast nichts von der Burg Zindelstein oberhalb des Bregtals, eine zähringische Burg, Mitte des 13. Jahrhunderts zum ersten Mal erwähnt unter dem Namen Sindelstein, im Bauernkrieg zerstört. Vermutlich gehörte sie anfangs zu den strategischen Stützpunkten der Zähringer im Schwarzwald-Baar-Raum wie die Kirnburg am Kirnbergsee oder die Warenburg oberhalb von Villingen zur Sicherung der zähringischen Besitzungen auf der Baar, später diente sie den Fürstenbergern als Unterkunft für ihre Dienstleute. Vor fünfzehn Jahren gab es von dieser Burg noch Reste von Gemäuer zu sehen, vor fünfundzwanzig Jahren den Stumpf des Bergfrieds mit seinen

Quadern, vor fünfhundert Jahren eine wehrhafte Burganlage, bevor sie während des großen Bauernaufruhrs von Hans Müller von Bulgenbach und seinen Leuten zerstört wurde wie die nahe Burg Neu-Fürstenberg oberhalb von Hammereisenbach, von der immerhin noch ein Teil der einst so mächtigen Schildmauer zu sehen ist. Von der Burg Zindelstein kann, wer will, im unteren Waldbereich noch ein paar zerstreut herumliegende Gemäuersteine finden, und das ist auch alles, was von ihr geblieben ist.

Im ausgedehnten Längener Wald zwischen Fürstenberg und Aulfingen stand ein sogenanntes Jagdschloss, auch Längeschloss genannt, das Joseph Wenzel zu Fürstenberg in den Wald hinein hatte bauen lassen mitsamt Schlossgarten und Allee, 1768 vollendet. Warum musste ein Jagdschloss in der abgelegensten Gegend der Baar gebaut werden? Die klimatischen Verhältnisse waren ungünstig, es fehlte an den nötigen Baumaterialien und an Wasser, und Handwerker mussten von weit her geholt werden. Vielleicht hatte der Fürst eine Vorliebe für das Besondere, vielleicht war er ein passionierter Jäger, vielleicht brauchte er für seine Liebschaften die Abgeschiedenheit, vielleicht suchte er auch nur die Einsamkeit. Nach seinem Tod schien sich von den Fürstenbergern niemand mehr für das Schloss zu interessieren, und es zerfiel, und am Ende wurde es zum Abbruch freigegeben. Schlossplatz und Schlossgarten überwucherten Gestrüpp und Wald. Von der ganzen Anlage gibt es nichts zu sehen, nicht mal Steine, und es fällt nicht leicht zu glauben, dass von der Anlage nicht mehr übrig geblieben sein soll als ein Name.

Während man Burgen und Jagdschlösser verfallen ließ, war das mit Kirchen und Kapellen anders. Es kam vor, dass man Kirchen abriss, weil sie durch einen Brand oder andere Unglücksfälle stark beschädigt waren oder weil sie nicht dem Stil der neuen Zeit entsprachen. Doch meist schätzte man ihren baulichen und künstlerischen oder spirituellen Wert hoch genug ein, um sie, wann immer es möglich war, zu erhalten und zu sanieren, machmal bis zur Unkenntlichkeit. Die Kapelle St. Marcus von Mistelbrunn, am Rand der Westbaar gelegen, ist ein Beispiel für Umbau und Abriss von Bauwerkskörpern und Erhaltung der Kernsubstanz. In einem Sonderdruck der „Schriften des Vereins für Geschichte und Naturgeschichte der Baar" wird die Baugeschichte von Wolfgang Erdmann ausgiebig beschrieben. Was uns unverändert überliefert ist, wenn auch stark mitgenommen, sind die Fresken aus dem 13. Jahrhundert, 1970 im Rahmen einer größeren Renovierung entdeckt. Sie zeigen die Erschaffung des Kosmos an der Nordwand, Episoden aus dem Leben Christi an der Südwand. Ein Rekonstruktionsband am Eingang der Kapelle hilft, einen Teil der lädierten Szenen und Figuren der Fresken an den Wänden zu erkennen, zu bestaunen und vielleicht auch etwas zu entdecken, was uns anrührt wie der Engel mit dem Licht oder der Verzicht auf die Darstellung der Verdammten beim Jüngsten Gericht.

An die Verdammten des irdischen Gerichts erinnert der Galgen des Hochgerichts der früheren Herrschaft Triberg auf der Fuchsfalle nahe der Straße von Villingen nach Schönwald: zwei gut erhaltene, mächtige, ca. sechs Meter hohe Granitpfeiler mit Querbalken, die an die Hinrichtungsstätte der vorderösterreichischen Obervogtei Triberg erinnern. Der Galgen steht in der Lichtung einer Hochfläche, von wo der Hängende noch einen Blick auf die Schwarzwaldhöhen werfen dufte, bevor er das Zeitliche segnete. Gehängt wurden hier vor allem Diebe, die zur Abschreckung manchmal noch Tage hängen blieben. Die letzte Hinrichtung erfolgte im Jahr 1776 während der Regierungszeit der kaltherzigen Kaiserin Maria Theresia, deren Strafgesetzbuch nicht nur die Folter kannte, sondern sogar noch einige Verschärfungen gegenüber der berüchtigten Peinlichen Gerichtsordnung von 1532, der Carolina. Die Hinrichtungen, wird berichtet, lockten Schaulustige von überall an oder arteten gar zu Volksfesten aus. Es war ja sonst wenig los und das Leben eintönig. Heute ist die Gerichtsstätte mit ihrem Galgen ein beliebter Anziehungspunkt für Kurgäste und Touristen. Gaffen, Staunen, vielleicht ein leichtes Gruseln ist das, was uns bleibt.

Wo Steine angehäuft herumliegen, muss etwas gewesen sein, sagen die Archäologen. Da gibt es die Steine-Ansammlung oberhalb der Breg im Hubertshofer Wald. Es handelt sich um behauene und unbehauene Sandsteine, um Quader und Bruchsteine, moosbedeckte Mauerreste, um Steinwälle oder auch nur um Geröll. Diese Steinhaufen haben eine Reihe von Hobbyarchäologen auf den Plan gerufen wie Franz Gottwalt, Archivare wie Karl Döbser und Georg Goerlipp oder Forstleute wie Karl Kwasnitschka, der sogar eine Kartierung erstellte und in den „Schriften der Baar" einen ausführlichen Beitrag dazu schrieb und der im September 1991 eine Exkursion leitete, bei der auch der Autor dieser Zeilen dabeisein durfte. Schon lange ist von einer einstigen Keltensiedlung die Rede, von einem keltischen Handelsplatz, sogar von einer Handelsstadt, und man gab dem geheimnisvollen, ca. 100 Hektar großen Ort den Namen „Laubenhausen". Gut möglich, vielleicht sogar wahrscheinlich, dass es sich hier um eine keltische Siedlung handelte, denn der keltische Grabhügel Magdalenenberg oberhalb von Villingen ist nahe, und Hammereisenbach mit seiner einstigen Eisenerzförderung ist nahe, und auf diesen geographischen Kontext hinzuweisen wurde Kwasnitschka nicht müde. Sogar eine Burg, das sogenannte „Krumpenschloss", heute ein Geröllhaufen, soll es zum Schutz und zur Sicherung der Siedlung gegeben haben. Was man nicht gefunden hat, sind Gegenstände, und eine schriftliche Überlieferung gibt es auch nicht. So bleiben nur die Steine, aber was sagen die uns?

Elias Gumpp, Sohn eines Tiroler Tischlers, Bauingenieur, Festungsbaumeister in Freiburg und in den vorderösterreichischen Landen, Kaiserlicher Rat, Obervogt in Tengen (da war der Dreißigjährige Krieg zu Ende und Festungsbaumeister waren nicht mehr so gefragt), Oberschultheiß der wichtigen vorderösterreichischen Festungsstadt Bräunlingen (ein Amt, das ihn aber nicht von seinen Nebenbeschäftigungen in Freiburg und Innsbruck, dem Sitz der vorderösterreichischen Regierung, abhielt), „Lehenfresser und Schacherer", Mitglied der vorderösterreichischen Führungsschicht mit Wappen und Prädikat („von Stockburg"), vermögend, stolz, eitel und selbstbewusst bis in den Tod, das war Elias Gumpp. So viele Karrieren, Ämter, Tätigkeiten, Berufungen, Posten, geblieben von all dem ist ein zwei Meter hoher Epitaph in der Remigiuskirche in Bräunlingen: Totenkopf auf gekreuzten Knochen, Sanduhr sowie Schaufel und Hacke (die Insignien des Festungsbaumeisters), auf dem Gesims eingemeißelt „MORS MONUMENTUM INEXPUGNABILE", „Der Tod ein uneinnehmbares Werk", Worte eines Festungsbaumeisters, der an die Uneinnehmbarkeit glauben *musste*.

Steigt man von Boll zur Wutach hinab, geht man direkt auf ein Bade-
hotel zu mit mehr als hundert Betten, drum herum die Parkanlage, die
zum Flanieren einlädt, englische Angler, die in der Wutach Forellen
fangen, aus dem Pavillon ist Musik zu hören, es ist Teatime. Die Mineralquelle von Bad Boll wird zum Trinken, Baden und Heilen benutzt, das
Heilwasser enthält schwefelsauren Kalk und doppelkohlensaures Magne-
sium und wird gegen jede Art von Magenleiden und chronischen Darm-
und Lungenkatarrh angewendet. Außer dem Kurhaus gibt es noch ein
Wohnhaus mit angebautem Badehaus sowie Post, Telegraph und Telefon.
Ein Hausprospekt gibt nähere Informationen. Ganz in der Nähe sind der
Boller Wasserfall und die Ruinen der ehemaligen Burgen Boll und Tann-
egg zu besichtigen. Bad Boll, eine gute Stunde von der Eisenbahnstation
Löffingen entfernt, ist ein abgelegener, gut besuchter Kurort, den es gar
nicht gibt, auch nicht die Mineralquelle, auch keine englischen Angler,
und Teatime-Musik ist auch nicht mehr zu hören, statt dessen das Rauschen der Wutach. Vorbei.

Zwischen Obereschach und Königsfeld haben sich alemannische Siedler im frühen Mittelalter in einem Gebiet niedergelassen, das heute von
Fichtenwäldern zugedeckt ist. Von dem Dorf, das vermutlich Ebenhausen
hieß, sind drei gemauerte Grabkammern von ca. einem halben Meter
Höhe und eineinhalb Meter Länge übriggeblieben. Sie waren teilweise
mit Steinplatten bedeckt und enthielten nur geringe Beigaben. Paul
Revellio, der Baararchäologe, hat noch die „dürftigen Reste" gesehen, die
man in den Grabkammern fand: Zierknöpfe mit Silberrand, eine grüne
Glasperle. Und einen Schädel. Anhand der Zierknöpfe glaubte Revellio
das Alter der Gräber auf das 7./8. Jahrhundert datieren zu können. Es ist
anzunehmen, dass die Alamannengräber Teil eines Friedhofs des abgegangen Ebenhausen sind. Zu den Gründen des Abgangs und dazu, wann
dieser erfolgte, gibt es keine schriftliche Überlieferung. Eine Sitzbank bei
den Gräbern lädt ein zum Rasten oder Nachdenken. Man kann auch ein
paar Schritte in den Wald hineingehen, um sich dem Gedanken hinzu-
geben, dass hier einmal Menschen gelebt haben, gelebt, um zu vergehen.

Maiblumen blühten überall
—
Stimmen aus dem Gelände

Von allen Wirbellosen haben mich die Gliederfüßer schon immer angezogen. Am meisten hat es mir die Libelle, die Wasserjungfer angetan. Vom Mai bis in den Sommer hinein sehe ich sie morgens auf Grashalmen schaukeln oder über den Teich segeln. Sie kann rückwärts fliegen, in der Luft stehen. Unzählige Facettenaugen, denen nichts entgeht, Überlebenskünstler, wie es wenige gibt. Ich liebe sie alle, die gebänderte Prachtlibelle, die große Königslibelle, die kleine Pechlibelle. Ich gehe zu den Landwirten, um sie zu bitten, nicht bis zum Rand von Gewässern zu mähen, werde bei Behörden vorstellig, damit Bäche nicht begradigt und Gewässer nicht künstlich mit Fischen besetzt werden, gehe zu den Gartenteichbesitzern, um ihnen klarzumachen, dass die Larven gegen die Zierfische keine Chance haben. Ja, ich sorge mich um sie. Seit langem habe ich keine Azurjungfer mehr an meinem Teich gesehen, und auch die grüne Mosaikjungfer lässt sich immer seltener blicken. Ich habe eine Aktionsgruppe ins Leben gerufen, vier hartnäckige Liebhaber durch und durch.

—

Meine Geschichte ist schnell erzählt. Ich bin Orgelspieler, Orgelspieler für besondere Anlässe, Sie wissen, was ich meine. Mein Musikprogramm ist vielseitig, Barockes, ein Volks- oder Kirchenlied, fast nichts, was ich nicht spiele. Ich habe auch schon die Nationalhymne und die Internationale gespielt und den Flohwalzer und sogar den einst so beliebten Schlager „Wir kommen alle in den Himmel", wenn auch nach einigem Zögern. Ich achte sehr darauf, dass mir die Gefühle nicht durchgehen. Manchmal spiele ich auch auf der Geige, wenn es die trauernden Angehörigen wünschen, dann muss ich besonders aufpassen, dass es nicht zur rührselig wird. Ich habe bei vielen Begräbnisfeiern gespielt, aber ich kann mich an keine erinnern, die so von Spannung geladen war wie die, als ein stadtbekannter Zuhälter zu Grabe getragen wurde. Es war, als müsste jeden Augenblick ein Knall erfolgen, in Wirklichkeit geschah nichts. Ich spielte das „Ave Maria" von Bach/Gounod und noch zwei Stücke, und zum Schluss spielte ich auf besonderen Wunsch der trauernden Witwe „Hörst du mein heimliches Flehen", was besonders gut ankam, obwohl ich mich, wie schon erwähnt, bei dieser Art von Musik etwas zurückhalte. Zurückhaltung ist in meiner Position geboten, selbst wenn es sich um solch ungewöhnliche Begegnungen handelt wie mit dem Tod, und das ist alles, was ich Ihnen dazu sagen kann.

—

Also, was wollen Sie hören? Dass ich mit Begeisterung Soldat war, davon sechs Jahre im Krieg und immer vorne an der Front? Ein paar Schrammen, das ist alles. Unverwundbar wie Siegfried der Gehörnte. Und jetzt habe ich einen krummen Rücken und graue Haare, hänge in diesem Heim herum und weiß nicht, was ich mit dem kümmerlichen Rest des Lebens anfangen soll. Mir sind alle Anverwandten gestorben, Freunde habe ich auch keine. Stattdessen diese sabbernden Alten, die vor der Knallkiste sitzen oder mit dir „Menschärgerdichnicht" spielen wollen. Ich muss Pillen nehmen, um nicht verrückt zu werden. Gleich am Morgen nach dem Frühstück mache ich mich davon, laufe durch die Straßen oder sitze im Park und höre den Vögeln zu. Als ich aus dem Krieg zurückkam, hatte ich Asthma. Aber ansonsten kann ich mich nicht beklagen. Ich habe einfach Glück gehabt. Auch mit Frauen. Hören Sie, ich bin ein alter Mann und habe noch immer Verlangen nach Liebe. Und jetzt hocke ich hier kraft- und saftlos und warte auf den Abend. Ich hatte mal vor, Schluss zu machen. Aber ich tat es nicht. Einer wie ich kapituliert nicht. Ich habe nie kapituliert. Auch nicht auf Kreta, als uns die Partisanen in der Falle hatten. Makedonien, Kreta, Russland. In Russland waren uns einmal ein paar Gefangene entwischt, darunter ein Offizier. Hinter einem Felsen sah ich ihn stehen. Er sah mich an, ich sah ihn an. Schließlich hob ich die MP. „Hau ab", flüsterte ich und schoss in die Luft. Ist lange her. Manchmal habe ich das Gefühl, als sei ich schon tot und als sei der Park das Paradies. Um fünf heute morgen sah ich die Sonne über dem Park aufgehen, und ich dachte, mein Gott, das gibt es doch nicht!

—

Nein, ich habe nichts zu erzählen. Wovon sollte ich denn erzählen? Von Maloche? Krankheiten? Falschen Freunden? Geplatzten Träumen? Nein, ich habe nichts zu erzählen. Ich habe nichts erlebt, nichts, was der Rede wert ist. Ich habe keinen Mord begangen, bin nicht der Frau meines Lebens begegnet, habe keinen Orden für irgendwas Schlaues umgehängt bekommen. Dafür habe ich brav meine Steuer bezahlt, bin regelmäßig zur Wahl gegangen, habe vor der Knallkiste meine Nickerchen gemacht und manchmal beim vierten oder fünften Glas nach dem Sinn von all dem gefragt, was man so Leben nennt, und das war's auch schon.

—

Mein Alter ist Lehrer und versteckt sich hinter seinen Büchern und Klassenarbeiten und tut, als habe er für nichts anderes Zeit. Auch meine Mutter ist Lehrerin. Während er sich scheinbar für die Schule aufreibt, findet sie auch noch Spaß an Jazzdance, Volleyball und den Büchern von

Coelho, Käsmann und ähnlichem Kitsch. Sie ist politisch interessiert, hält Frauen und Radfahrer für die besseren Menschen und wählt natürlich Grün. Wenn sie manchmal Kolleginnen zum Kaffeeklatsch einlädt, schaut mein Vater aus Höflichkeit kurz rein, hört sich die grünen Tiraden an und verschwindet wieder. Was hab ich nur für Eltern! Sie lesen die taz und ein Dritteweltjournal, aber ich habe noch nie gehört, dass sie für die Dritte Welt etwas getan hätten oder wenigstens ab und zu etwa spendeten. Manchmal machen sie sich lustig über die grünen und rosaroten Oberschweifwedler und wählen sie doch immer wieder. Meine Mutter tratscht im Pathos der Achtundsechziger und ist in der Schule doch selber nur ein Arschkriecher. Bei Gesprächen und Diskussionen aber führt sie das große Wort. Wenn ich es dann nicht mehr aushalte und widerspreche, schaut sie mich groß an, gibt zurück, brüllt auch mal. Wenn Sie mich fragen: nichts als schöner Schein. Manchmal denk ich: Nichts wie weg von hier, aber wohin? Das muss ich noch herausfinden.

———

Sagt die Nachbarin: Warum, Hirt, gehst du nicht ins Spital?

Sag ich: Von dort komm ich doch.

Sagt der Arzt: Hirt, Ihr Herz, ihr Herz! Und dann dieser Kopf!

Sag ich: Was für ein Kopf?

Schreibt die Wohlfahrt: Wir schicken Sie nach Blumenfeld ins Altersheim, sobald ein Platz frei wird.

Schreib ich: Aber zu lange darf es nicht mehr gehen.

Telefoniert mein Bruder aus Dittishausen: Bleib du am besten in deinem Bett, da hast du's warm und fällst niemanden zur Last.

Frag ich: Wem fall ich denn zur Last?

Sagt der Pfarrer: Aber das ist doch kein Leben, und weil gerade Weihnachten ist, schenkt er mir eine Flasche Wein aus dem Raiffeisenladen.

Manchmal schaut die Hausbesitzerin herein, wenn sie das Haus verlässt, sagt: Und dass sie mir keine Dummheiten machen, Hirt.

———

Weiße Bohnen gab es bald jeden Tag. Als jemand am Tisch dagegen auf-
müpfte, jagte Vater ihn vom Tisch. „Du hast schon gegessen". Ich stickte
unentwegt. Und mein Vater: „Ja, hast du denn gar nichts zu tun?" Einmal
schlug er mich zu Boden, und ich wusste nicht, warum, und ich weiß
es heute noch nicht. Ich musste Lebertran essen, weil ich zu wenig Blut
hatte. Nach Auskunft des Arztes sollte ich sowieso nicht älter als vierzig
werden, und jetzt werde ich zweiundneunzig am sechsundzwanzigsten
Juni, und meine Schwester will mich besuchen, und gern hätte ich drei
Kinder gehabt, drei schwarzhaarige Mädchen, und mit dem Essen im
Heim bin ich zufrieden, und leben will ich schon lang nicht mehr.

———

Ich bin viel unterwegs. Baar, Schwarzwald, Bodensee. Ich bin Einrichter
von Heizungskörpern. Ich komme gern mit Leuten zusammen. Ich sitze
in der Frühgaststätte, trinke Kaffee, die Tür geht auf, sechs Männer und
eine Frau, lauter Schlitzaugen und alle mit Rucksäcken. Machen sich am
Nachbartisch breit, einer reißt die Kamera hoch, dann fallen sie über das
Frühstück her, springen auf, und schon sind sie weg, lassen die Frau zurück. Sie liest, wenn sie eine Seite umschlägt, schaut sie kurz auf, um Luft
zu holen. Dann taucht sie ab bis zur nächsten Seite. Ihr Lächeln, wenn sie
aufschaut, ihr Porzellanlächeln. Ich bestelle zwei Schwarzwälder Kirsch.
„Let's have a drink together." Jetzt lächelt sie nur noch, ohne dass sie das
Buch aus der Hand legt. Vielleicht lächelt sie mich aus. „Something fine,
something from here." Als ob sie nicht Bescheid wüsste. Japaner wissen
Bescheid, auch über Schwarzwälder Kirsch. „Cheers!" Warum rede ich
nicht Deutsch mit ihr? Die meisten Japaner können Deutsch. Warum
ist sie nicht mitgegangen? Sie deutet auf ihr Bein. Eine Knöchelverstauchung. Sie sagt: „Knöchelverstauchung." Dieses Lächeln! Ich wollte, ich
könnte so lächeln. Ich rufe nach dem Serviermädchen. Noch zwei Kirsch.
„Prost!" Sie zeigt mir ihr Buch. „Eichendorff." „Eichendorff?" „Der Dichter." Wie sie lächelt, Eichendorff in der Hand. Ob Eichendorff auch so
gelächelt hat, ab und zu?

———

Ich hab mein Leben lang gearbeitet. Im Kaufhaus hab ich angefangen. Als Verkäuferin, Kassiererin. Nach vier Jahren beförderten sie mich zur Abteilungsleiterin. Ich war sechsundzwanzig, und die Welt lag mir zu Füßen. Ich engagierte mich, hatte Spaß an der Arbeit, und sie machten mich zur Einkaufsleiterin, Uhren und Schmuck. Ich schwirrte im Land umher, machte meine Einkäufe und tat, als sei ich weißgottwer. Machte Fortbildungskurse, war immer dabei, wenn es um die Firma ging. Und die Firma expandierte, Filialen wurden aufgemacht, und ich sollte Filialleiterin werden. Da kamen auf einmal diese Gerüchte auf, und schon ging es los, Betriebsversammlung, Hauptversammlung, Umstrukturierung, Personalabbau. Auch ich wurde umstrukturiert, gefeuert. Ich war fix und fertig. Ging zum Arbeitsamt, schrieb Bewerbungen, ging zu Einladungsgesprächen. Die Arbeitslosigkeit hat einen Bruch in meiner Lebensauffassung bewirkt. Ich bin gar nicht auf die Idee gekommen, dass ich mal ohne Arbeit sein könnte. Kürzlich hat eine Lehrerin sich über ihre Arbeit in der Schule beklagt. Ich habe sie angefahren, sie solle froh sein, dass sie überhaupt Arbeit hat. Vielleicht ist das ungerecht, aber meine Arbeitslosigkeit ist auch ungerecht. Verdammt noch mal, Arbeit war für mich Leben.

———

Alle hier nennen mich Sumi. Obwohl ich gar nicht Sumi heiße. Ich bin Vietnamesin und wohne in Freiburg. Ich bin Schmuckdesignerin. Entwerfe und fertige ausgefallene Schmuckunikate, Diamanten in Eisen gefasst, Rubine in Amaranthholz, Taguanüsse kombiniert mit Meloperlen aus dem Südchinesischen Meer. Solche Sachen. Ich hatte ein paar kleine Ausstellungen, zu mehr hat es nicht gereicht. Was für ein Elend, wenn man sich über seine Illusionen im Klaren ist. Doch bin ich jung, jung genug, um an die Zukunft zu glauben. Ich bin viel unterwegs, um mich von hochkarätigen Schmuckgeschäften, Boutiquen oder Galerien inspirieren zu lassen. Ich genieße mein Leben im Flug. So viel Schönes, auch Hässliches. Doch nur für das Schöne habe ich Augen.

———

Die Freie Welt ist entsetzt, weil einer ihrer Lakaien ermordet wurde oder weil sich ein paar, die nicht frei sein wollen, gegen die Freiheit auflehnen. *Ich* bin entsetzt, weil ich Potenzstörungen habe, weil mir die Katze davongelaufen ist, weil die Freundin in die Klinik musste, weil ich in der Kneipe nicht mehr rauchen darf, weil Benzin- und Heizölpreise wieder aufgeschlagen haben, weil der Trainer vom FC Löffingen entlassen wurde, weil der Schneewinter ausblieb (ich mag Schnee), weil mir trübe Gedanken durch den Kopf schwirren und weil ich nicht weiß, wie alles weitergehen soll mit mir und meiner Freundin und meiner Katze und der Zeit und der Welt, die auf dem Kopf steht. Nein, ich bin nicht entsetzt. Ich wundere mich nur. Nicht einmal das. Ich sage nur: Weiter so!

—

Mal raus aus Rumänien, sagte ich, als ich siebzehn war, und schon war ich weg. Als Zimmermädchen zur Probe fing ich in einer Pension in Bad Dürrheim an, lernte nebenher die deutsche Sprache, und nach zwei Jahren war ich eine Art Empfangsdame, weil ich schon so gut Deutsch konnte oder weil ich mit den Gästen gut konnte. Später wechselte ich in die Rezeption eines Hotels und machte nebenher die Abschlussprüfung zur Hotelkauffrau. Seitdem sind dreizehn Jahre vergangen, und ich habe mein eigenes Gästehaus am Rand der Baar gelegen, noch verschuldet, aber mit einem kleinen, festen Kundenstamm, und so sehe ich dem weiteren Leben mit Freude entgegen.

—

Was ich in meinem Leben bedaure? Dass ich kein Hochzeitskleid tragen durfte, ein Hochzeitskleid bis zum Boden, blütenweiß, rauschende Seide, in dem du dahinschreitest wie eine Königin, die Blicke der Umstehenden nur auf dich gerichtet und nichts als staunende, bewundernde, beneidende Blicke, und wie lange du vor dem Spiegel stehst, wie du dich nicht sattsehen kannst, so stolz, so strahlend. Es sollte nicht sein.

—

Eigentlich war's nur als Aushilfe gedacht, und dann wurden es neunundzwanzig Jahre. Erst war's Linie, die Stadt, die Vororte, dann Überlandlinie, das Hinterland bis nach Königsfeld, Buchenberg, St. Georgen, dazwischen Betriebsausflüge, Operettenfahrten, Fahrt ins Blaue, und eines Tages drückten sie mir eine Italienkarte in die Hand, schickten mich nach Abano Therme, meine erste Fernfahrt. Seitdem habe ich so ziemlich alles gemacht, Badeferienfahrten nach Spanien, Skifahrten ins Berner Oberland, Pilgerreisen nach Frankreich, und immer wieder Rom, Neapel, Sizilien, bald wusste ich, wo Sand in Taufers liegt und wo die flottesten Schnallen in Wien zu finden sind und wann der Häfelismarkt in Basel stattfindet und der Fetzenmarkt in Klagenfurt und dass es sich nicht lohnt, aufs Stilfser Joch hinaufzufahren und dass man nicht nur in Frankreich gut essen kann und dass ab Mai alle Alpenpässe offen sind und dass man beim Fahren nichts anderes tun soll als Fahren. Fahr los, sagt der Chef, und du fährst los, fährst und fährst, fährst die Landschaft zu Staub, verfährst neunundzwanzig Jahre deines Lebens und merkst es nicht einmal. Möglich, dass ich auch meine letzte Fahrt hinterm Steuer antrete, ich hoffe, es ist niemand dabei.

—

Wenn Sie mich fragen, am liebsten hätte ich in der Steinzeit gelebt, als es noch keine Steuern, keine Gesetze, keine Regierungen, kein Oben und Unten, keine Überwachungskameras, kein Fernsehen, keine Komiker, keine Fußballreporter, keine Computer, keine Handys, keine Uhren, keine Rasenmäher, keine Kondensstreifen am Himmel und keine Wolkenkratzer auf Erden gab, wo man in Wohnhöhlen lebte, wo man mit wenig Werkzeug auskam, wo die Welt noch klein und übersichtlich war, wo das Leben aus Jagen, Essen, Schlafen bestand und das Denken sich auf ein paar wenige naheliegende Gedanken beschränkte und wo die Zeit noch Zeit war.

—

Nach Jahren, ach nach Jahrhunderten kehrst du in dein Dorf zurück, ein Haus auf einem Hügel mit Fliederbäumen, Mama, die auf den uniformierten Papa wartet, Vögel, die von den Bäumen herabsingen, Bauern, die durch die Äcker tiefe Furchen ziehen, Mama, die dem uniformierten Papa nachwinkt, der Blutgeruch am Schlachttag, der besorgte Blick zum Himmel, der Bauer, den ein rachsüchtiges Pferd zu Tode tritt, Panzer, die hinter Hügeln auf das Dorf zurollen, zwei junge Soldaten, die die Panzer aufhalten sollen, die Vögel, die im Gesang innehalten, Bauern, die die beiden Soldaten auf einen Karren legen, endloses Glockengeläute, zeitlose Sonntage, der erste Film, die erste Liebe, und Maiblumen blühten überall.

Danksagung

Dieses Buch ist kein touristischer Wegweiser. Es ist ein ganz persönlicher Blick auf eine Landschaft, von der ich annehme, dass sie mir nahe ist. Die Texte sind Aufzeichnungen aus der Zeit zwischen 2010 und 2012. Sie basieren auf Erkundungen und Gesprächen, auf Erfahrenem und Gelesenem. Ohne die Begegnung mit Baaremer Menschen, ohne die Gespräche mit ihnen, ohne ihre Informationen wäre ein Buch von dieser Art nicht zustande gekommen.

So schulde ich Dank einer Reihe von Gesprächspartnern, vor allem Klaus Sigwart in Hüfingen, Klaus Gallinowski in Achdorf, Heinrich Münzer in Neudingen, Berthold Korsch in Brigachtal, Bernhard Mink in Brigachtal, Christoph Trütken in Bad Dürrheim, Albert Lauber in Donaueschingen, Hermann Schlenker in Königsfeld, Sabine Matschkus in Villingen-Schwenningen, Herbert Petzold in Hausen vor Wald, Sabine Hille in Achdorf, Hermann Barth in Riedöschingen, Alexander Müller in Dietingen, Ernst Zimmermann in Pfohren sowie Klaus Herr und Gertrud Herr-Hock in Villingen-Schwenningen, Eva von Lintig in Hüfingen, Wolf Hockenjos in Donaueschingen, Willi Hönle in Donaueschingen, Gretel Straub in Villingen-Schwenningen, Luzian Huber in Brigachtal, Jessica Ziener in Brigachtal, Max Limberger in Grüningen, Jenny Dorkes in Bad Dürrheim und all den anderen, denen ich begegnete, die mir namentlich nicht bekannt sind oder die nicht namentlich genannt werden wollten. Sie alle haben mir geholfen, eine Landschaft, in der ich seit siebenunddreißig Jahren lebe, noch besser kennenzulernen und zu schätzen.

Ganz besonders danken möchte ich Dorothee Kühnel, die das Unternehmen begann, Freund und Fotograf Gerhard Naujoks, der einen Großteil der Fotos zur Verfügung stellte und bearbeitete, Annemarie Schmitz von der Hofbibliothek in Donaueschingen, die mich sachkundig mit Literatur versorgte, und vor allem Julia Prus vom G. Braun Buchverlag, die mit viel Umsicht und Engagement das Unternehmen zu Ende führte.

Literatur

Albicker, Josef: Baaremer Bauernköpfe. Donau-Post-Verlag Artur Kratzer: 1953

Asch, Roland: Ein Herrschafts- und Sozialkonflikt des späten 16. Jahrhunderts. In: Schriften des Vereins für Geschichte und Naturgeschichte der Baar – 34. Donaueschingen: 1982

Bader, Karl Siegfried: Zur politischen und rechtlichen Entwicklung der Baar in vorfürstenbergischer Zeit. Jos. Waibel: 1937

Bader, Karl Siegfried: Kloster Amtenhausen in der Baar. Rechts- und wirtschaftsgeschichtliche Untersuchungen. Otto Mory's Buchhandlung: 1940

Balzer, Eugen: Die Bräunlinger Hexenprozesse. In: Alemannia, Bd. 2. Kehrer Verlag: 1910

Barth, Franz Karl: Die Juden auf der Baar. In: Die Heimat. Nr. 12: 1932

Bosch, Manfred: Widerstand und Verfolgung 1933-45. Das Hakenkreuz über der Baar und dem Schwarzwald. In: Almanach. Heimatjahrbuch Schwarzwald-Baar-Kreis. Todt-Druck: 1984

Busse, Hermann Eris: Die Baar. In: Badische Heimat 25. Jahrgang, Freiburg: 1938

Gutknecht, Rainer (Hrsg.): Der Schwarzwald-Baar-Kreis. Theiss: 1977

Duffner, Wolfgang: Ain gar aufrierischer bueb. Hans Müller von Bulgenbach. In: Badische Zeitung Magazin. Badischer Verlag: 1983

Erdmann, Wolfgang: Die Kapelle St. Markus zu Mistelbrunn, Schwarzwald-Baar-Kreis. Bericht über neue Funde und Befunde. In: Denkmalpflege in Baden-Württemberg. Heft 1: 1973

Fischer, Albert: Aus Villingens Vergangenheit. Stadt Villingen: 1914

Fuchs, Josef (Hrsg.): Tagebuch Abt Georg Gaisser. Bd. 1, 2. Stadt Villingen-Schwenningen: 1984

Goerlipp, Georg: Der Kapuziner im Englischen Garten. In: Fürstenberger Waldbote, Nr. 11. Jahreszeitschr. d. Fürstlich Fürstenbergischen Forstbetriebe. Donaueschingen: 1965

Gottwalt, Franz: Laubenhausen – eine versunkene Stadt. In: Almanach. Heimatjahrbuch Schwarzwald-Baar-Kreis. Todt-Druck: 1981

Hall, Alfred: Ortschronik von Hausen vor Wald. Stadtteil von Hüfingen. Stadt Hüfingen: 1992

Hansjakob, Heinrich: Verlassene Wege. Adolf Bonz & Co. 3. Aufl. Freiburg: 1902

Hasenfuß, Karl: Chronik von Löffingen. Die Geschichte eines Landstädtchens. Stadt Löffingen: 1953

Hauptmann, Arthur: Burgen einst und jetzt. Burgen und Burgruinen in Südbaden und angrenzenden Gebieten. Südkurier: Bd. 1. 1980, Bd. 2 1987

Hauser, Hans: Dief i de Nacht. Verlag Müller: 1970

Hockenjos, Fritz (Hrsg.): Wutach Brevier. Heimatschutz Schwarzwald Heft 3. AG Heimatschutz Schwarzwald: 1955

Hockenjos, Wolf: Waldpassagen. Dold-Verlag: 2000

Hoffner, Wolfram: Familienchronik Steiner. Hüfingen: 1981

Hornung, Johannes Baptist: Geschichte der Stadt Bräunlingen. Stadt Bräunlingen: 1964

Huber, Erna: Vom Schwarzwald zur Baar: Kunst- u. Geschichtsstatten im Schwarzwald-Baar-Kreis. Thorbecke: 1978

Huth, Volkhard: Donaueschingen. Stadt am Ursprung der Donau. Ein Ort in seiner geschichtlichen Entwicklung. Thorbecke: 1989

Petzold, Herbert: Hausen vor Wald auf der Baar. Hausen vor Wald: 1993

Priesner, Paul: Leben und Wirken des Priesters Ambros Oschwald. Krause: 1984

Reich, Lucian: Hieronymus, Lebensbilder aus der Baar und dem Schwarzwalde. Herder: 1853

Reichelt, Günther: Baartage: Beobachtungen und Bilder. Mory: 2008

Revellio, Paul: Aus der Ur- und Frühgeschichte der Baar. Schwenningen: 1932

Revellio, Paul: Aus der Geschichte der Baar im Mittelalter. Schwenningen: 1934

Riedel, Hermann: Halt, Schweizer Grenze. Südkurier: 1974

Roder, Christian (Hrsg.): Heinrich Hugs Villinger Chronik, Literarischer Verein Stuttgart: 1883

Schafbuch, Gottfried: Mii Boor – Mii Hoamet. Gedichte und Geschichten. Stadt Hüfingen: 1972

Scheffel, Josef Victor von: Zwischen Pflicht und Neigung, Briefe ins Elternhaus 1857/59. C. F. Müller Verlag: 1946

Schey, Alfred: Chronik der Familie Schey. Riedöschingen: 1950

Schuster, Eduard: Das Wutachtal vom Feldberg bis zum Rhein mit den Seitentälern und Höhenwegen. Print von 1903. Freiburger Echo Verlag: 2006

Steiger, Josef Adolf: Dürrheim und seine Saline. Caritas-Dr. Verlag: 1910

Tumbült, Georg: Das Fürstentum Fürstenberg von seinen Anfängen bis zur Mediatisierung im Jahre 1806. Freiburg: 1908

Vetter, August: Chronik der Stadt Hüfingen. Stadt Hüfingen: 1984

Vetter, August: Geisingen. Eine Stadtgründung der Edelfreien von Wartenberg. Südkurier: 1964

Wacker, Karl: Der Landkreis Donaueschingen. Verl. d. Südkurier: 1966

Werner, Johannes: Father Oschwald. In: Verein für Geschichte und Naturgeschichte der Baar: Schriften des Vereins für Geschichte und Naturgeschichte der Baar. Bd. 41. Donaueschingen: 1998

Wieners, Thomas H. T.; Weiß, Herbert: Von „Villa Heidinhova" bis Heidenhofen: 759/60–2010 – 1250 Jahre; Geschichte und Geschichten; ein Lesebuch gestaltet aus Anlass der 1250-Jahrfeier 2010. Stadt Donaueschingen: 2010

Zimmermann, Ernst (Hrsg): Pfohren. Das erste Dorf an der jungen Donau. Aus der Geschichte einer Baargemeinde. Stadt Donaueschingen: 2001

Die Schriftenreihe der Badischen Heimat

Seit über 40 Jahren beschäftigt sich Paul-Ludwig Weinacht mit der südwestdeutschen Landesgeschichte und -politik. Dies fand seinen Niederschlag in zahlreichen Aufsätzen und Vorträgen. Die wichtigsten sind nun in diesem Buch zusammengefasst. Sie bieten einen hervorragenden Überblick über die Geschichte und politische Entwicklung Badens im 20. Jahrhundert und bis zur Gegenwart.

336 Seiten, 17 x 24 cm, in Halbleinen gebunden
ISBN 978-3-7650-8622-9

Der alemannische Wortschatz Südbadens wird hier allgemeinverständlich in einem Band dargestellt. Das Wörterbuch umfasst 408 Seiten und 10 500 Stichwörter mit 12 500 Bedeutungen und gibt in populärer Form Aufschluss über den Wortschatz Südbadens in seiner Lautung, Bedeutung, Verwendung (Satzbeispiele, Redensarten, Sprichwörter, Kinderreime u. v. m.) und z. T. zur Etymologie. Es handelt sich bei diesem Wörterbuch um ein Standardwerk, das die Mundarten in Südbaden erstmals vollständig und übersichtlich zuverlässig dokumentiert.

406 Seiten, 17 x 24 cm, in Halbleinen gebunden
ISBN 978-3-7650-8534-5

Das vorliegende Liederbuch »Woni sing und stand« bietet erstmalig einen umfassenden Überblick über historische und gegenwärtige Mundartlieder des alemannischen Sprachraumes in Baden, im Elsass, in der Schweiz und in Vorarlberg.
Die Autoren bieten mit textlichen und musikanalytischen Kommentaren und Untersuchungen, flankiert von historischen Zeitdokumenten, Einblicke in einen lebendigen europäischen Kulturraum. Kurzbiographien und ein ausführliches Register erschließen das Buch.

264 Seiten, 17 x 24 cm, in Halbleinen gebunden
ISBN 978-3-7650-8620-5

weitere Bände in Planung

Landesverein Badische Heimat · Hansjakobstr. 12 · 79117 Freiburg
Telefon: 07 61 / 7 37 24 · Fax: 07 61 / 7 07 55 06 · E-Mail: info@badische-heimat.de

Abbildungsnachweis

Eugen Balzer, Die Bräunlinger Hexen-
prozesse, in: Alemania, Zeitschrift für
alemannische und fränkische Volks-
kunde, Geschichte, Kunst und Sprache,
Freiburg 1910, S. 30: S. 83.
Frank Volk: S. 182
Privatbesitz Klaus Sigwart: S. 17
Privatbesitz Rolf Steiner: S. 22, S. 76
Privatbesitz Lutz Galinowski: S. 55
Privatbesitz Albert Lauber: 161
Privatbesitz Sabine Matschkus: S. 175
Privatbesitz Hermann Schlenker: S. 185
Privatbesitz Gretel Straub: S. 153
Stadtmuseum Hüfingen: S. 90

Wilhelm Reifenschweiler: S. 115
Wolfgang Duffner: S. 51, S.
68, S. 100, S. 138, S. 148
Aus: Arem Joel, Minerale und Gesteine,
München 1978, S. 89: S. 145
Aus: Badische Heimat, Die Baar,
1938, S. 69: S. 9
Aus: Badische Heimat, 1921, S. 150: S. 157.
Aus: Ernst Bauer e.a., Unser Land Ba-
den-Württemberg, Stuttgart 1986, S. 169:
S. 59
Aus: Karl Hasenfuß, Chronik von Löf-
fingen: die Geschichte eines Landstädt-
chens, Löffingen 1980, S. 102: S. 166.

G. BRAUN

www.gbraun-buchverlag.de

© 2013 G. Braun Telefonbuchverlage
GmbH & Co. KG, Karlsruhe

Umschlagabbildung: Andreas Färber (www.post-scriptum.biz)
Satz und Umschlaggestaltung:
post scriptum, www.post-scriptum.biz

Druck: Orga-Concept, Filderstadt

ISBN 978-3-7650-8621-2